卡耐基

口才全书

翟文明　编译

CARNEGIE ELOQUENCE BOOK

光明日报出版社

图书在版编目（CIP）数据

卡耐基口才全书 / 翟文明编译 . -- 北京：光明日报出版社，2011.6 （2025.1 重印）

ISBN 978-7-5112-1116-3

Ⅰ.①卡… Ⅱ.①翟… Ⅲ.①口才学—通俗读物 Ⅳ.① H019-49

中国国家版本馆 CIP 数据核字 (2011) 第 066101 号

卡耐基口才全书

KANAIJI KOUCAI QUANSHU

编　　译：翟文明

责任编辑：李　娟　　　　　　　　　责任校对：张荣华
封面设计：玥婷设计　　　　　　　　封面印制：曹　净

出版发行：光明日报出版社

地　　址：北京市西城区永安路 106 号，100050

电　　话：010-63169890（咨询），010-63131930（邮购）

传　　真：010-63131930

网　　址：http://book.gmw.cn

E – mail：gmrbcbs@gmw.cn

法律顾问：北京市兰台律师事务所龚柳方律师

印　　刷：三河市嵩川印刷有限公司

装　　订：三河市嵩川印刷有限公司

本书如有破损、缺页、装订错误，请与本社联系调换，电话：010-63131930

开　　本：170mm × 240mm

字　　数：198 千字　　　　　　　　印　　张：15

版　　次：2011 年 6 月第 1 版　　　　印　　次：2025 年 1 月第 3 次印刷

书　　号：ISBN 978-7-5112-1116-3

定　　价：49.80 元

前　言

　　20 世纪最伟大的成功学导师、人际关系学之父、成人教育之父和心理学家戴尔·卡耐基（Dale Carnegie）为人类做出了杰出的贡献。

　　我们都很熟悉《时代周刊》评论卡耐基的这句话："也许，除了自由女神，只有卡耐基是美国的象征。"就他的影响而言，这句话一点都不言过其实。他的乐观的精神和思想影响了那些处在经济不景气、不平等和战争的阴影控制下的人们，使他们祛除忧虑、追求美好的生活；他开创的卡耐基训练班遍布全世界，千千万万的人从中受惠，走上成功之路；他的《语言的突破》等几本经典著作成了西方最持久的畅销书之一，被誉为"出版史上的奇迹"……总之，卡耐基的思想已经成为世界的财富，已经并正在发挥它的指导作用。

　　卡耐基于 1888 年 11 月 24 日出生在美国密苏里州西北部的一个贫农家庭。他的母亲希望他日后成为一个教员或者传教士，而他的父亲一直在为惨淡的生意发愁。当时，没有人意识到他日后会受到世界上无数人的追捧。

　　如果我们翻看卡耐基的个人简历，就可以发现卡耐基的成功并不是因为他天资聪明。小时候的卡耐基是一个表现平平的农家孩子，他早上三点起床去喂养小猪，然后步行很远去上学，放学回来以后还得砍柴、挤牛奶、喂猪，到深夜他才能温习功课——几乎天天如此。直到 1904 年进入一所州立师范学院，卡耐基表现也不突出，而且，他作为全校最穷的六个孩子之一，常常受到同学的歧视。不过，他依靠自己的努力在一次演说竞赛上取得了成功，因而受到了同学的尊敬。

　　这次成功使卡耐基初次尝到了口才的甜头，不过并没有给他带来更多实际的好处。毕业后，他尝到了各种苦头，最后竟然灰心到差点儿想要自杀。后来，他找到了一份辛苦的工作——到处兜售火腿等食品。在不断努力下，他取得了一些成绩——曾经使他所在的公司生意最清淡的一条路线提升为营业路线第一位。不过，这个成绩也无法说明他日后能够取得如此巨大的成功——更加重要的是，他改行去学戏剧了。

我们不能不庆幸卡耐基没有多少戏剧天赋，否则那个时代只会多一个普通的戏剧家，却少了一个引导千万人走向成功的导师。当 24 岁的卡耐基灰头土脸地从艺术的殿堂里走出来的时候，他开始专心钻研口才，并且说服了纽约的青年会，让他们给他一个教室，公开教授自己的经商口才。三年后，他不仅获得了丰厚的金钱，而且开始名扬整个国家。

我们可以看到，卡耐基之所以成功，除了口才术本身的重要之外，完全是他努力的结果。这可能是引导一个人走向成功最重要的两个因素。遗憾的是，大部分人只记住了其中的一个：我们不能不说许多人比卡耐基更加努力，却没有意识到口才的重要性；而另外一些人虽然知道口才很重要，却不够努力——对于学习口才术和其他事情而言。因此，他们都没有取得成功。

那些成功人士在这一点上已经达成了共识。如本书中提到的"钢铁大王"安德鲁·卡耐基等人甚至认为，自己可以不要巨额的财产，而只要获得一种高超的说话艺术。甚至在古希腊，作为口才艺术之一的演讲术就已成为一个人成功的基本能力和最重要的标志。而口才艺术作为卡耐基开始教授人际关系知识的起步内容，到后来也一直是卡耐基思想最核心的部分之一。他的重要论断之一——一个人事业成功的因素当中，有 85% 来自于人际沟通能力，15% 依赖于专业知识——成为最著名的成功定律。这足以证明他对口才艺术的重视。

除了帮助人们在交际场合做到游刃有余以外，卡耐基还希望人们能够通过口才的提高，战胜自己的弱点，建立自己的自信，从而实现自己的人生理想。至于我们，除了用行动来证明他所说的是对的以外，完全找不出理由来对其进行否定。

本书集合了所有卡耐基口才艺术的精华，它最大的特点在于指导的全面性和实用性。对于那些渴望提高自己的说话艺术，从容地在宴会上、演讲台、谈判桌或者辩论会上——实际上包括一切需要说话的地方和场合——展现自己的风采的人们而言，这是一本最合适不过的书。正像卡耐基在鼓励口才训练班的学员时所说的那样："它能够使你把说话变成一种快乐。"

另外，在编译的过程中，我们尽力使行文的风格平易近人——这正是这位口才艺术大师教导我们的。因此，在阅读和使用本书的时候，你会惊喜地发现，你正在跟一位年长的朋友娓娓而谈，而你也在这样的交谈中前进，然后走向成功。

目 录

上篇
基础知识和基本训练

　　拥有一副好口才、成为一个说话高手是每个人梦寐以求的事情，要做到这一点其实并不难。当然，这需要你了解一些基础知识，掌握一些基本训练方法。只有克服交流恐惧、建立自信、尊重对方、热情真诚，同时坚持不懈地练习，才能逐渐提高自己的说话水平，成为口吐莲花的说话高手。

中篇

如何实现高效沟通

> 永远不要和他人争论，因为在很多情况下，争论不能使一个人改变自己的观点和看法。要尽量让对方多说话，请记住：倾听是最好的恭维。

下篇
改变自己，改变世界

> 没有哪个人是天生的演说家，这也说明每个人都可以成为伟大的演说家。要做到这一点，我们需要付出艰苦的努力。从现在开始，改变自己，掌握演讲的方法和技巧，你会发现，世界是可以改变的。

上 篇
基础知识和基本训练

拥有一副好口才、成为一个说话高手是每个人梦寐以求的事情，要做到这一点其实并不难。当然，这需要你了解一些基础知识，掌握一些基本训练方法。只有克服交流恐惧、建立自信、尊重对方、热情真诚，同时坚持不懈地练习，才能逐渐提高自己的说话水平，成为口吐莲花的说话高手。

第一章
拥有好口才的八个规则

　　我是从 1912 年开始教授当众说话的课程的，当时的任务是为纽约基督教青年会夜校讲授"公开演讲"课。那段经历对我来说是非常宝贵的，因为它使我积累了丰富的关于演讲的知识，并促成了我的口才培训班的诞生。

　　在纽约为商业界和专业人员开班时，我逐渐了解到，学员们不仅需要在演讲方面受到训练，还迫切需要掌握日常商务和社交中与人交流的艺术。因为人们除了渴望健康以外，最需要的便是改善人际关系，学会为人处世艺术，而这一切又都是以说话为前提和手段的。于是我决定在这方面进行深入的研究，并因此最终总结出了一套比较全面实用的课程，这是很有意义的事情。"沉默是金"的谚语，应随时代的变迁而重新评估，因为如何发挥语言的魅力，决定了现代人能否由沟通走向成功。

　　正像如何提高当众说话的能力一样，日常生活中的任何沟通交流，都需要人们克服畏惧、建立自信，这是实现更有效说话的前提。只有这样，人们才能够顺乎自然地发挥自己的潜在智能，在各种场合下进行恰当的谈话，博得赞誉，赢得别人的喜欢，获得成功。

　　在培训班开课之前，我曾做过一个调查，即让人们说说来上课的原因以及希望从这种口才训练课中获得什么。调查的结果令人吃惊，大多数人的中心愿望与基本需要都是一样的，他们的回答是："当人们要我站起来讲话时，我觉得很不自在、很害怕，这使我不能清晰地思考，不能集中精力，不知道自己要说的是什么。所以，我想获得自信，能泰然自若地当众站起并能随心所欲地思考，能依逻辑次序归纳自己的思想，能在公共场所或社交人士的面前侃侃而谈，做到明晰且有说服力。"

我相信这是真实的。当你站立在听众面前时，的确不能像坐着的时候那样细致地思考，但是这种现象可以通过训练加以改善，重要的是你一定要按照下面的方法去做。

1. 克服人性中的弱点

在潜意识里拒绝与人交流或者害怕当众说话，并不是某一个人独自具有的心理，大多数人都是这样，只不过程度不同而已。除了训练班的成员，我也对大学生进行过调查，80%～90%的学生都产生过不敢当众说话的恐惧感和与人交流的畏难情绪。

这好像是在说"恐惧交流"是人天生就具备的。的确如此，它是人与生俱来的一个弱点，并且和人的性格有很大的关系。心理学家认为，性格是一个人的行为表现较为稳定的基本特征。性格具有稳定性，也就是说，一个人的性格在一定的教育和环境的影响之下形成后，是难以改变的，所以才会有"江山易改，本性难移"的说法。

有关专家曾对亚利桑那州的一对大学生孪生姐妹进行过观察研究。这对双胞胎姐妹外貌相似，先天遗传素质完全相同，家庭生活和所受教育的情况也相同。虽然这姐妹俩一直在同一个小学、中学和大学接受教育，然而在遗传、教育和环境如此相同的情况下，姐妹俩的性格却很不相同：姐姐善于说话与交际，自信主动，果断勇敢；而妹妹却相反，缺乏独立自主意识，说话办事总是随同姐姐。有关专家找她们交谈时，总是姐姐先回答，妹妹只是表示赞同，不爱说话，或稍作点补充。总之，姐妹俩的性格完全不同。这是为什么呢？原来父母在她俩中认定一个是姐姐，另一个是妹妹，从小就责成姐姐照管妹妹，对妹妹负责，做妹妹的榜样，带头执行长辈委派的任务。这样一来，姐姐从小就形成了独立、自主、善交际、较果断的性格，而妹妹却养成了遵从姐姐的习惯。

这说明人的性格是长期受所接受的教育和环境的影响而形成的。但这并不适用于成年人，因为对于成年人来说，性格实际上是由心理状态决定的。也就是说，如果一个成年人能改变自己的心态，他就能改变自己的性格。

20世纪初，心理学家和哲学家断言：普通人只用了全部潜力的极小一部分，与我们应该成为的人相比，我们只苏醒了一半；我们的热情受到打击，我们的蓝图没有展开，我们只运用了我们头脑和身体资源中的极小一部分。这是什么原因造成的？其实就是人的恐惧心理。人的恐惧心理是很可怕的，所以，我常对我的学员说："你要假设听众都欠你的钱，正要求你多宽限几天；你是神气的债主，根本不用怕他们。"

其实，某种程度的恐惧感对人的交流是有益的，因为人类天生就具有一种应付环境中不寻常挑战的能力。当你注意到自己的脉搏和呼吸加快时，千万不要过于紧张，而要保持冷静。因为你的身体一向对外来的刺激保持着警觉，这种警觉表明它已准备采取行动，以应付环境的挑战。假使这种心理上的准备是在某种限度之下进行的，当事者会因此而想得更快、说得更流畅，并且一般来说，还会比在普通状况下说得更为精辟有力。

我告诉你们一个秘密：即使是职业演说者，也从来不会完全克服登台的恐惧，他们在开始演讲时也几乎总是会或多或少地有些怯意，并且这种怯意在开头的几句话里就会表现出来；只不过他们能很快地克服这种怯意，进入镇静的状态。开始的时候我也差不多是这样。

有几点我有必要重复一下：

（1）你害怕当众说话、拒绝与人交流并不是特例；

（2）某种程度的交流恐惧感反而有用，我们天生就有能力应付环境中不寻常的挑战；

（3）许多职业的演说家从来都没有完全祛除登台的恐惧感。

所以，你大可不必胆小地躲在自己给自己设定的框框里，你应该采取热诚主动的态度去与人交往。否则，恐惧将一发不可收拾，它不但会造成你心灵的滞塞、言辞的不畅、肌肉的过度痉挛而无法控制，还会严重减低你说话的效力。

有效克服交流恐惧

■ 任何时候都不要让"冰霜"结在脸上，不如干脆把"冰霜"融化掉，方法是说些有趣的事。

■ 不论在何种社交场合，幽默都会帮助你打开与人沟通的大门。

■ 培养乐观的人生态度和坚强的意志，用勇敢顽强的精神激励自己。

■ 通过学习提高对事物的认知能力，扩大认知视野，正确判定恐惧源。

■ 医学家说："知识是医治恐惧的良药。"这很有道理。如果对可能发生的各种变故都做好了充分的思想准备，就会提高心理承受能力，使恐惧难以侵入。

■ 积极加强有针对性的心理训练，以有效克服紧张和不安等不良情绪，提高心理适应和平衡性，增强信心和勇气，以无畏的精神克服恐惧心理。

2. 借别人的经验鼓起自己的勇气

你也许会说："我也知道自己需要鼓起勇气，但是当我想要开口说话的时候，这好像并不容易做到。"你说的问题是大部分人在说话时都会碰到的问题。那么，让我们谈一谈关于如何鼓起勇气的话题。

顾立区公司董事长顾立区先生有一天来到我的办公室。他对我说道："我这一生每逢要说话时，没有一次不是非常恐惧的。但是身为董事长，我不能不主持会议。虽然与董事们都相识多年，但是一旦要站起来说话，我就一个字都讲不出来。这种情形已经有好多年了，我的毛病太严重了。卡耐基先生，我不相信你能帮忙。"

"既然如此，你为什么还来找我呢？"我问他。

"这是因为发生了一件这样的事情。"顾立区先生回答道，"我的一个会计师，原来是个害羞的家伙。他走进自己的办公室之前，必须要穿过我的办公室。以前他都是看着地板，一个字也不说，蹑手蹑脚地走过我的办公室。不过最近，这种情况发生了改变。现在他总是下颚抬起，眼里闪着光亮，而且还主动和我打招呼，这令我十分惊讶。我问他：'是谁使你改变的？'他告诉我说：'卡耐基先生。'因为这件事情让我难以置信，所以我还是来找你了。"

"如果你希望跟这位会计师一样有所改变，"我对他说，"你可以定期来上课。"

"你要是真能使我开口说话而不再恐惧，"顾立区先生说，"那我可就要成为最快乐的人了。"

顾立区先生果然来参加我们的训练了。事实上，他进步神速。三个月之后的一天，我请他参加阿斯特饭店舞厅里的 3000 人聚会，并邀请他向客人们谈谈参加卡耐基口才训练班的感受。他很抱歉地说他不能来，因为他已经安排了一个重要的约会。但是，第二天，他又打电话给我说："卡耐基先生，我把约会取消了。我一定要来参加这个聚会，因为这是我欠你的。我要告诉人们卡耐基口才训练班给我带来的好处，它真的使我变成了这个世界上最快乐的人。我希望以自己的故事来激励人们，让他们彻底消除损害他们生命的恐惧。"

在聚会上，顾立区先生对着 3000 人侃侃而谈，足足说了 10 多分钟，而我本来只要求他说两分钟。当听众们被他的精彩演说所打动的时候，有谁会想到他原来一说话就会极为恐惧呢？

如果你希望像顾立区先生那样，你也可以在短期内掌握这门艺术。事实上，正如顾立区先生在讲话中想要告诉人们的那样，你完全可以从他的经历中认识到：说话并不是一件很难的事情。也就是说，你可以借用他的经历来鼓起自己的勇气。在你因为恐惧而无法开口说话的时候，你都可以想到：既然顾立区先生可以做到，我也一定能够做到。

我们在与那些重要人物进行交谈、进行商业谈判时，甚至只是在平常与人的交谈中，如果感到很害羞，都可以借用别人的经验来鼓起自己的勇气。在不同的场合，你可以想一下相应的故事，以达到鼓起自己勇气的目的。

我曾经对那些说话高手进行过调查，结果发现几乎所有的人都存在过害羞的心理，即使是现在——正如我前面所说——当他们发表意见、进行谈判或说服别人的时候，也还是没有完全祛除紧张的心理。在交际场上游刃有余地活动的钢铁大王安德鲁·卡内基常常对人说："虽然我天性很害羞，但是我却努力让自己成为一个说话高手。"

我希望你有机会去我家，我将为你展示我收到的来自世界各地的感谢信。写信的人有的是企业界的领袖，有的是州长、国会议员、大学校长和娱乐界的明星，更多的则是企业中的主管人员、工人、工会成员、大学生、家庭主妇、牧师等，他们都是一些默默无闻的普通人。他们的共同点是：都觉得自己需要表达自己的观点、与人沟通，以让别人了解和接纳自己，但是却缺乏足够的勇气、足够的自信心——也就是说，他们一开始都不善言谈。正是因为取得了一定的成绩并实现了自己的目标，所以他们才心怀感激，特意给我写信表示感谢。

因此，当你需要鼓起勇气在聚会上讲话或跟你的客户谈判的时候——实际上，在一切需要你展现口才的时候——你都可以借别人的经验来激励自己。在你感到胆怯的时候，问一问自己："既然他们都取得了成功，我为什么不能呢？"

用别人的故事激励自己

□ 熟悉一些说话高手的成功历程，对比自己的优缺点。

□ 你可以选择一个让你印象深刻，或者跟你一开始的情形差不多，但是后来却成功了的人的故事来鼓起你的勇气。你应该想到，每个人都是从胆怯开始的。当你感到恐惧时，想一想别人已经成功应对过这种恐惧了。

□ 了解别人克服恐惧的方法，如心理暗示法、肌肉训练法、深呼吸法等，有意识地加以训练。

□ 干脆把自己想象成别人，把自己的恐惧想象成只是别人的一段经历，而他最后成功了。

3. 明确并记住自己的目标

前文中提到的顾立区先生说，是卡耐基训练班使他说话不再感到恐惧，使他能够在3000人面前侃侃而谈，使他成为"这个世界上最快乐的人"——让说话成为一种快乐，这正是卡耐基训练班的目的。而我认为，这个目的远较其他目的更为重要。顾立区先生之所以参加卡耐基训练班，之所以能够努力地做卡耐基训练班分派的功课，正是因为他已经预见到了说话的成功会给他带来乐趣。顾立区先生将自己投入到未来的理想中，然后努力使自己梦想成真。如我们所看到的那样，最后他成功了。

有一个卡耐基训练班的毕业生说："开始说话的时候，我宁愿挨鞭子也不愿开口；但是临结束时，我却宁愿挨枪子儿也不愿停下来了。"几乎每一个人都渴望获得进行成功交谈的能力，想要体验这种"不愿停下来"的美妙感觉。

钢铁大王安德鲁·卡内基死后，人们在他的遗物中发现了他32岁时所拟的计划。他当时准备退休后到牛津大学接受完全的教育，并"特别注意对公开演说的学习"。而西方有位哲人说过："世间只有令人喜悦的说话能力，可以使人很快地完成一种伟大的事业并获得世人的认识。"

那么，人们为什么要致力于提高自己的说话能力呢？也就是说，究竟说话的成功对人们有什么重要的意义呢？我们不妨想象一下：面对多得难以计数的听众，你自信满满地走上讲台，听听开场后全场的鸦雀无声，感觉一下听众被你的深入浅出、幽默诙谐、内容深刻的演说所深深吸引时的那种全神贯注，体会一下听众对你报以经久不息的雷鸣般的掌声时的成就感，然后你带着微笑接受大家对你的赞赏……

当然，提高自己的说话能力的好处，并不只是可以在正式场合发表成功的演说。继续想象一下：依靠你的口才，通过与对方机智地谈判，你赢得了一笔数额巨大的业务；依靠幽默和富有气质的口才魅力，你赢得了心爱的女孩的欢心，并且与她共同迈进了婚姻的殿堂；依靠极具说服力的口才，你使一个国家停止了对另一个国家使用武力，使亿万人民避免了战争的灾难，你受到了人们的尊敬……还有什么比这更加吸引人的呢？

许多来上口才训练班的学员，大都是因为在社交中感到胆怯和拘束，其中有政界要员、明星，也有普通人。他们以前多半是这样一种情形：当站起来说话的时候，他们会感到手足无措；需要在数量很多的人——即使是熟识的人——面前说话时，他们会连一句完整的话都说不出来。在这样的情形下，他们感觉自己好像不再是自己了，因为他们完全控制不了自己。

可是在完成训练班的课程之后，他们的改变连他们自己都不敢相信。他们发现，让自己说话再也不那么为难了。他们都觉得自己以前的害羞和拘束其实很幼稚、很可笑。当然，他们在训练过程中培养出来的那种自然洒脱的气度，也让他们的朋友、家人或顾客刮目相看。他们在建立自信心的同时，游刃有余地处理和他人的关系，从而影响到他们的整个人生。

另外，这种训练也会不同程度地影响到人的性格，即使不一定会很快地显现出来。大卫·奥门博士是大西洋城的一位外科医生兼美国医药学会的会长，我曾问他："就心理健康而言，接受当众演讲训练有什么好处？"他回答说："回答这个问题，最好是开一个处方；这个处方必须是每个人自己给自己配药。如果他认为自己不行，那他就错了。"以下便是奥门博士给我们开的处方：

"努力培养一种能力，让别人能够走进你的脑海和心灵。试着面对单独的人，或在大众面前清晰地表达你的思想和理念。当你通过这种努力不断地获得进步时，你便会发现：你——你的真正自我——正在真正塑造一个崭新的形象，使你身边的人产生一种前所未有的惊讶。

"当你试着和别人说话时，你的自信心会随之增强，你的性格也会跟着变得越来越温和与美好，而这就表示你的情绪已经渐入佳境；随之，你的情绪会使你的身体好起来。这个世界的男女老少都需要讲话。即使我并不清楚在工商业社会中，讲话会带来别的什么利益，我也依然相信它有无穷的好处。不过，我的确了解它对于健康的益处。只要你一有机会，就对几个人或许多人说话——而你将越说越好；我自己就是这样。同时，你还会感到神清气爽，觉得自己完美无缺，这都是你以前所感受不到的。

"这是一种舒畅而美妙的感觉，没有任何药物能给你这种感觉。"

想象你自己正在成功地做着你目前所害怕做的事情，想象你已经能够在各种工作和社交场合侃侃而谈，你的观点被大家所接受，并给你带来了许多好处。这对实现你的目标大有裨益。因此，时刻铭记自己的目标是十分重要的。

哈佛大学最杰出的心理学教授威廉·詹姆斯的话正好能解释这一点，他说："几乎不论哪种课程，只要你对它充满了热情，你就能够顺利完成；如果你对结果足够关心的话，你就能够实现它；如果你希望做好一件事，你就能够做好；如果你期望致富，你就能够致富；如果你想博学，你就会博学。只有那样，你才会真正地期盼这些事情，心无旁骛地一心期盼，而不会白费心思、胡思乱想许多不相干的杂事。"

"不要抱着投机的心态来学习，"沃特斯告诫我们说，"这种态度只会使我们一无所获。你应该首先给自己订立一个计划、确定一个目标，然后踏踏实实地为这个目标奋斗。当你把自己的精力和才能都用在这上面时，那么你离成功就不会很远了。而我所说的投机的学习态度，是指那种认为自己所学的东西在将来某个时候可能会带来好处而毫无方向的学习。"

集中你的全部精力、时刻不忘记自信和侃侃而谈的说话能力，对你而言是十分重要的。只要想想由此结交的朋友在社交方面对你的重要性，想想自己为大众、为社会服务的能力将大大增强，想想它对你的人生和事业将产生的深远的影响……总而言之，想想它将为你在将来实现自己的价值铺平道路，你就能实现你的目标。

明确并牢记自己的目标

☐ 将你的目标明确下来，把它写在显眼的地方——最好是把它"写"在心里，每天早上提醒自己。

☐ 时刻牢记实现目标将给你带来的益处。

☐ 回想以前当你说话时的害羞和局促，及因此带来的困窘和其他后果。

☐ 记住实现口才训练目标将对你的人生、事业目标有极大的促进作用。

4. 树立成功的信念

我想再次引用威廉·詹姆斯的话来进入我的话题。我们已经知道，他说过："如果你对结果足够关心的话，你就能够实现它。"在这里，你可以把它理解为一种必胜的信念。因为当你的目标对你的吸引力足够大时，你就会树立起一种必定要成功的信念。

在任何时候，告诉自己：我一定要而且能够成功。这样，你就能够成功。

当恺撒率领他的军队从高卢渡海而来，登陆现在的英格兰的时候，他是怎样取得胜利的呢？他把军队带到了多佛海峡的白岩石悬崖上，让士兵们望着位于自己脚底两百英尺的海面上燃烧的船只。士兵们知道，他们与大陆的最后联系已经断绝，退却的工具已经被焚毁，唯一可做的事情就是前进、征服、胜利。恺撒和他的军队就这样成功了。

恺撒成功的秘诀在于他使他的士兵们知道，他们必须取得成功，没有退路。当你想战胜面对听众所产生的恐惧，以及克服提高自己的说话能力必然要面对的困难时，为何不让自己拥有这种精神呢？把消极的思想全部扔到火里焚烧，并把身后通往犹豫退缩的大门紧紧关上，你就必将取得成功。

耶鲁大学的乔治·戴维森教授就是依靠这种强大的信念取得成功的。年轻时候的乔治有一个梦想，他希望能够改变世界、服务全人类。为了达到这个理想，他需要接受最好的教育，而美国是他最理想的去处。

当时的乔治身无分文，要到1万千米外的美国去，简直就是天方夜谭。不过，他还是出发了。他徒步从他的家乡尼亚萨兰的村庄出发，穿过东非荒原到达开罗，在那儿他可以乘船抵达美国。他一心想的是到达那个可以帮助他改变自己命运的国家，其他的一切他都可以置之度外。

他一开始就遇到了极大的困难。在崎岖的非洲大陆上，他用了5天才艰难地跋涉了25英里（约40千米）。他的食物已经吃完，水也已经喝完，而且他身无分文。他还需要继续前进几千英里。

回头吗？还是拿自己的生命赌一把？乔治知道，回头就是放弃，就是回到贫穷和无知，而他不想这样。他相信自己能够克服这些困难，达到自己的目的地。于是，他对自己说："继续前进，除非我死了。"

他继续孤独地前行。他常常席地而睡，以野果和其他植物维持自己的生命。旅途使他变得瘦弱不堪。由于极度的疲惫和近乎绝望的灰心，几次他都想放弃。但是每当这时，他就自己给自己鼓气。终于，他战胜了自己的怯懦，充满信心地继续前进。

经过种种磨难和痛苦，1950 年 10 月，乔治终于用两年的时间来到了美国，骄傲地跨进了斯卡济特峡谷学院的大门。

凭着对目标的专注和近乎神圣的成功的信念，乔治战胜了常人难以战胜的困难。还有什么比这件事情更加难以办到的呢？

在一次广播节目中，主持人要我用三句话来说明我学到的最重要的一课。我当时是这么说的："我所学到的最重要的一课，是我们的思想对我们非常重要。如果我能了解一个人的思想，我就能了解他这个人，因为正是思想造就了我们。而如果我们能够改变自己的思想，也就能改变自己的一生。"

为了达到目标，你需要建立足够强大的自信和目标必将实现的信念，你必须对自己说话能力训练的努力成果保持轻松而乐观的态度。从现在开始，你就要积极地设想自己的努力最终会使你成功。你应该想到，你努力的结果必然是，当需要在众人面前站起来说话时，你能够从容不迫地侃侃而谈、清晰明白地表达你的观点。你一定要把你的决心和信念烙在每个词句、每项行动上，并且竭力培养这种能力。

在卡耐基训练班里有一个叫乔·哈弗斯第的学员。有一天，他站起来信心十足地对大家说，他不满足于做一名房屋建造商，他希望自己成为"全国房屋建筑协会"的发言人；他最想做的事是在全国各地奔走，把他在房屋建筑业中遇到的问题和获得的成就告诉人们。

难能可贵的是，他不但对理想有一种狂热的追求，而且真的说到做到。他想讲的，不仅仅包括地方性的问题，还包括全国性的问题。对于这样的想法，他并没有三心二意，而是用心地准备自己的演讲，并且用心地进行练习。在上课期间，他从没有耽误一次课；即使再忙，他也仍然一丝不苟地按照训练班的要求去做。结果他的进步十分迅速，令大家都十分惊讶。两个月之后，他成了班上的佼佼者，被选为班长。

大约一年以后，乔·哈弗斯第的老师这样写道："我几乎已经忘记了来自俄亥俄州的乔·哈弗斯第了。一天早上，我正在吃早餐，当我不经意间打开《弗吉尼亚向导》的时候，书中醒目的位置上赫然有一幅乔的照片和一篇称赞他的报道。报道中说，前天晚上，他在一次地区建筑商的盛大聚会中发表了精彩无比的演讲。这时的乔已经不是'全国房屋建筑协会'的发言人了，简直就像是会长了。"

乔·哈弗斯第为什么能够成功呢？因为他有强烈的欲望，保持了高度的热忱，具备了克服困难的坚强毅力；更加重要的是，他相信自己一定能够成功。

一个成功者不一定具有不同于一般人的本领和才智，但他坚信自己一定能够成功，并且，他会把全部精力用于追逐成功的行动当中。这样，成功的概率就会大大提高。

因为，人——无论是谁——本身都有无穷的潜在能力，但能否开发出来，往往取决于每个人自己的态度。如果你相信自己能够成功，那么你就必定能够成功。

树立成功的信念

■ 记住说话高手的事迹，知道他们一开始也并不出色，甚至还不如你。

■ 在你说话的时候，告诉自己必定能够成功。告诉自己：成功并不是那么困难。

■ 永远不要抱怨你遭遇了多大的困难，因为你的困难已经被很多人克服过了。

■ 把你的信心烙在每一个字词、每一项行动中去。

5. 积极的心理暗示

一个人上楼梯，分别以六层和十二层为目标，其疲劳状态出现的早晚是不一样的。我发现，如果把目标定在十二层，疲劳状态会出现得晚一些。因为当你爬到六层的时候，你的潜意识便会暗示自己：还有一半呢，现在可不能累啊！于是你就会继续鼓气往上爬。

也就是说，目标的高低带来的自我暗示直接决定了我们行为能力的大小。进而我们可以得出这样的结论：意识不但会影响到你的心理状态，而且会直接影响到你的生理状态。这就是心理暗示的重要性。

自我暗示真的管用吗？是的。现代实验心理学家都同意这样一种观点：由自我暗示而产生的动机，即使是假装的，也会成为人们快速学习的最有力的诱因之一。因此，请对自己进行积极的自我暗示。

威廉·詹姆斯曾说过这样的话："人们通常认为行动总是跟随在感觉之后，但实际上，这两者是并存的关系。行动为人们的意志所制约。借着制约行动，意志可以间接地制约感觉，而感觉并不受意志的直接控制。

"因此，当我们不再感到快乐时，唯一的改变办法就是：愉快地睡觉、吃饭、谈话，尽量从行动上表现出你很快乐。如果这样都不能改善你的心情的话，那么就再没有别的办法了。

"让自己勇敢起来，即使只是从行动上表现出来，因为人们总是习惯于自我催眠。行动可以间接影响你的感觉，然后调动你所有的意志来达到这个目的。这样，勇气也就会取代恐惧了。"

这就是一种心理暗示。如果你怀疑这种理论，你可以和曾看过这本书并且照着这个方法去做的人，或者上过我的训练班的学员去谈谈，你将会相信这一点的。

接下来我将举一个例子以证明这种心理暗示理论的正确性。这个人被视为勇气的象征。他也有过胆怯的时候，但他决心只依靠自己。于是，在不懈的努力之后，他终于成了受人敬仰的勇士。他就是反对托拉斯、以言论左右听众、手里挥舞着总统权杖的西奥多·罗斯福。

在他的自传里，他这样写道："我曾是一个体弱多病而且笨拙的孩子。年轻的时候，我常常处于一种紧张的状态中，对自己也没有信心，因此不得不艰苦地训练自己。这种训练并不只是身体上的，也包括灵魂和精神上的。"

一个这样的孩子，是怎么变成勇士的呢？他在自传里解释了让他得以转变的原因："我在马里埃的书中看到过一段话，印象极为深刻，并把它时时记在心里。这是一个小型英国军舰的舰长向主人公解释如何才能顶天立地、无所畏惧地生活的一段话。他说，最初要行动的时候，每个人都会紧张、不安，重要的是，不应让这种恐惧感延续下去。你应该采取的方法是：控制自己，表面上装作若无其事的样子。这样持之以恒，假装的就会变为现实。他只不过是想练习坚强的意志，但这种练习让他变成了真正的勇者。

"这就是我训练自己的方法。一开始，从大灰熊到野马、猎枪，我什么都怕，可我尽量装出不怕的样子来；慢慢地，我不再恐惧。人们要是愿意，也可以像我一样。"

在第二次世界大战期间，有一个犹太人想要活着走出纳粹集中营。人们都说这是不可能的——丧心病狂的纳粹分子随时可能把他们成批地拉出去枪毙；另外，恶劣的生存环境让人们生病、相互传染以至相继死亡。总之，人们都已经失去了生存的信心。但是，这位犹太人暗暗地告诉自己说："某月某日，联军一定会来拯救我们的。在此之前，我一定要好好地活下去。"结果，在他预定的那个日子来临之前，他的同伴一个个死去，但是他却坚强地活了下来；然而，当他预定的那个日子来到以后，他却像他的同伴一样，急速地衰弱并且死亡了。

从上述事例我们可以看出，心理暗示确实能够给我们带来勇气。积极的心理暗示可以使我们克服恐惧、战胜困难，对我们做任何事情都十分有利。那些敢于接受这项挑战的人将发现自己正脱胎换骨，享受更丰富、更美好的人生。

说话当然也是如此。卡耐基训练班的一个学员——他是一位店员——告诉我："最初，我很害怕和顾客说话，每次都是心惊胆战的。后来我告诉自己，其实顾客是很好说话的。几次之后，我不再害怕了，觉得自己有信心了，和顾客说话也一点不紧张了。现在，我甚至开始理直气壮地说出自己的不同意见。上训练班后的第一个月，我的销售业绩提高了将近一半。"

　　另有一位因为家庭主妇的学员也告诉我："原来我不敢邀请邻居到我家里来做客，我怕自己不能跟他们融洽地谈话。上了卡耐基训练班之后，我觉得自己不再那么害怕了。最近我办了一次家庭宴会，举办得非常成功；我往来于客人之间，尽情地与他们交谈。"

　　他们都成功地运用了心理暗示，从而克服了自己的恐惧。另外，我们在致力于提高自己的说话水平的时候，必然会遇到各种困难，这种心理暗示也同样可以帮助我们战胜这些困难。所以，当你开口说话或者需要拿出勇气来战胜困难的时候，不妨摆出一副信心满满的样子来。如果你已经准备妥当，就勇敢地把你想要说的话表达出来吧！

给自己积极的心理暗示

　　■ 不必过于胆怯和拘谨。

　　■ 要相信，有时候行动能够改变你的感觉。

　　■ 即使有一点紧张也不要紧，关键是要正确地进行处理。

　　■ 如果你在说话的时候有失误，你可以把它当成是你的幽默或别的什么东西。总之，要给自己适当的、积极的心理暗示。告诉自己，一切都很好。

6. 培养自信心

　　几年前，我和我的朋友来到了阿尔卑斯山的维尔德·凯塞山面前，想要征服这座据说很危险的山。《贝德克旅行指南》上说，业余登山员应该有一个向导带路，因为攀登这座山峰很困难。我们俩都不是专业登山员，但是我们并没有请向导。后来，我们取得了成功。

　　在我们登山之前，一位朋友问我们是不是能够成功，我口气坚定地告诉他："一定能！"

　　"为什么这么肯定呢？"那位朋友继续问道。

我说："也有人像我们一样没有向导而取得了成功。而且，我做任何事情都不会想到失败的。"

在我的班上，有很多学员在学习完了之后坐在一起谈自己的心得。有相当多的人都认为他们所学到的最重要的东西是对自己的信心，也就是说，对自己成功多了一分信心。在某种程度上，没有什么比自信更加能够将一个人引向成功。

要自信，这是你做任何一件事情都必须要有的正确心态。不论是攀登珠穆朗玛峰，还是和别人说话，自信都是你成功的基本前提。

所以，在你开始说话之前，首先树立你的自信心。

针对不足进行训练

如果的确存在一些不足，你可以进行针对性的训练，克服这些困难和不足，从而树立自信。名列古希腊"十大演讲家"之首的德摩悉尼从小就有口吃的毛病，而且他在说话的时候总是一个肩膀高一个肩膀低，还不停地抖动。在那样一个崇尚口才的时代，这样的人理所当然地会受到歧视。他十分苦恼，并且有很深的自卑感。不过，他并没有被自卑打倒，而是以超常的毅力和吃苦精神进行刻苦的训练。每天清晨他都站在海边，口里含着石子进行练习；针对爱抖动的毛病，他对着镜子练习，并且在两个肩膀上挂两把剑，这样就不会抖动了。经过刻苦的训练，正如我们所知道的那样，他最终成为一个十分出色的、受人尊敬的演讲家。

充分准备，树立信心

一个人说话成功的程度，跟说话之前所做的准备有很大关系。林肯说："即使是再有实力的人，如果没有精心的准备，也无法说出有系统、高水平的话来。"所以，你需要在说话之前广泛地收集素材，并对你的主题进行深入细致的思考。当你确认自己准备充分之后，不妨设想自己正在以完全的控制力对他人说话。这是你很容易就能做到的。只有相信自己能够成功，并且坚定不移地相信自己，你才会成功。

进行积极的自我暗示

真正的困难不在上面所提到的两点。我们绝大多数人都不像德摩悉尼那么不幸，并没有口吃的毛病，也没有其他的先天不足。

从心理学上说，自卑或者羞怯感总是会不同程度地在我们身上存在着。美国的一个调查表明：在宴会上与陌生人接触时，大约有 3/4 的人会感到局促不安；同样，由于羞怯或者自卑感造成的演讲或其他说话失败的例子更是屡见不鲜。可以看出，一个人没有自信，并不是因为他自己真的天生不如人，而是他自以为如此。因此，只有完全克服这种感觉，你才能正常甚至超常发挥。

你所有的准备，都是为了说话的那几分钟。不管你准备得如何，在一般情况下，说话的时候都可能会有不自信的感觉袭来。产生它的原因，可能是你担心自己还没有完全准备好——实际上你已经准备得相当充分了，但是你认为自己可能疏漏了什么；也有可能是因为你担心听众比你的水平高，而你所讲的东西对他们来说过于简单；或者你担心可能会出现什么突发事件，比如在你的说话过程中有人打断你等等。这些想法最致命的危害就是给你消极的自我暗示。你必须想办法把它们从你的心里赶出去。

有位英国青年律师要和一群知名的律师在法庭上辩论。他做了充分的准备，但是仍然感到不放心，担心自己会把辩论搞砸。于是，他去请教法拉第先生。他问法拉第："我的对手比我知道的多得多，我必败无疑吗？"

法拉第先生简单明白地告诉他说："如果你想成功，告诉自己，他们一无所知！"

当你说话的时候，看着对方的眼睛，然后信心十足地说话，就好像他欠了你的钱，而他听你说话，只是为了请求你宽限还债的期限一样。这种心理暗示作用，对你树立自信也有很大的帮助。

自信的方法

■　找出让你感到不自信的根源，想办法解决它们。

■　你的自信会引领你走向成功，所以，你需要自信满满地站起来说话，什么都不用想。

■　如果你能发现自己仅仅只是怯场——那不一定是由于不自信造成

19

的——这样问题就好办多了，因为你可以夸张地相信，几乎人人都害怕当众讲话。

□ 自信并不是盲目的。如果你连你所要说的主题都没有进行充分的思考、连素材都没有准备好的话，你必须承认这一点。否则，如果因为没有充分准备而失败，你以后就会更加不自信。

7. 拥有坚强的意志力

在这一节里，我专门来讲关于意志力的问题。坚强的意志力要求我们在努力的过程中专心致志，拥有不达目的不罢休的韧劲以及克服困难的顽强精神。

如果我们想要成功，那么我们在做任何事情的时候都需要有坚强的意志力。英国政治活动家、小说家爱德华·立顿是一个成功者。他一生中走访了很多地方，所见甚广，也积极参与政界活动和各种社会事务；另外，他还出版了60本著作，而这些课题都是需要深入研究的。人们很奇怪整日忙碌的他竟然还有时间来做学问，于是问他：

"你在百忙之中居然还完成了那么多著述，难道你有可以同时完成这么多工作的分身术吗？"

爱德华当然没有分身术，他拥有的是坚强的意志力。他通常每天只花3个小时甚至更少的时间来研究、阅读和写作，但是他却充分地利用了这3个小时。在这些时间里，他全神贯注地投入到他的学习和研究中，用心极为专一。正是这种坚强的意志力，使他只用了少量的时间就取得了巨大的成就。

在致力于提高自己口才的过程中，我们也需要像爱德华·立顿一样心无旁骛地进行训练。因为只有充分利用了自己有限的时间，专心致志地致力于提高自己的口才，才能最终取得成功。

在进行初始训练的时候，你不可避免地会遇到挫折、困难。这些困难会给你带来不同程度的创伤，会使你的信心动摇。在你遇到困难的时候，不用去想为什么会有这些问题，因为本来就有这些问题。要知道，世上没有任何东西可以代替毅力和决心。许多人有才能但却失败了，就是因为缺少毅力和决心。我们要相信，最困难的时候就是离成功不远的时候。成功的秘诀其实很简单，那就是，无论何时我们都不能允许自己有一点点的灰心。

我在前面举了乔·哈弗斯第成功的例子。乔·哈弗斯第成功的原因一方面在于他坚信自己能够成功；另一方面在于他有着坚强的意志力，在通往成功的道路上，他就是靠这个优秀的品质把困难赶跑的。

我将说一个故事来证明这一点，这个故事的主人公叫克劳伦斯 . B . 蓝道尔，他现在已经登上了企业的最高层，成为商界的传奇人物。

蓝道尔先生在大学里第一次站起来说话时，像很多人一样，因为不善言辞而失败了。当时，老师规定每个人有 5 分钟的说话时间，但是他却讲了不到一半就脸色发白，不得不十分困窘地走下讲台。

可是，他虽然有这样的经历，却并不甘心失败。他下定决心要成为一个说话高手，并且一直坚持不懈地努力，最后终于成为政府的经济顾问，受到了世人的仰慕。他写过许多富有启迪的书，在其中一本叫《自由的信念》的书里，他提到了他当众演讲的情形：

"我的演讲安排得十分紧凑，因为我要参加各种聚会，其中包括厂商协会、商务部、扶轮社基金筹募会、校友会以及其他团体举办的聚会。我曾经在密歇根州得艾斯肯那巴发表爱国演讲，慷慨激昂地投身于第一次世界大战；我还和米基·龙尼下乡进行慈善演讲，与哈佛大学校长詹姆斯·布朗特·柯南、芝加哥大学校长罗伯 . M . 胡钦斯下乡进行教育宣传；我的法语很糟糕，但是我却用法语发表过一次餐后演讲。

"我认为我了解听众们想要听什么以及他们希望这些内容如何被讲出来。对于演讲的人来说，这里面的窍门就是：只要你愿意学，没有什么是学不会的。"

蓝道尔先生的故事告诉我们：成功的决心和信念，是决定你能不能成为一个说话高手的关键因素。如果我知道你的心思、知道你的意志的强度以及你是否有乐观的态度，那么我就可以准确地预测出你在改进当众说话技巧方面会有多快的进步。

任何人，只要他希望迎接语言的挑战，希望自己能够简单明白地表达自己的观点并让别人了解自己的才华，就一定要具备坚毅的决心。

在那些成功地获得了说话技巧的人当中，只有极少数是真正的天才，大部分都是跟你我一样的普通人。但是，由于他们肯坚持，他们也同样获得了成功。至于较特殊的人，则有时会气馁，没有坚持下来，结果反倒庸庸碌碌。只要有胆量、有目标，走到路的尽头时，往往也就爬到了顶端。

这是合乎人性与自然的。在商业领域以及其他行业中，相似的事情随时都在发生。著名的石油大王洛克菲勒曾说：耐心与相信收获终将到来是商业成功的第一要诀。它也是说话能够成功的重要条件之一。坚定地相信自己会成功，你就会去做走向成功所必须做的一切，因而也必定能成功。

你要注意的是，坚强的意志力并不是一朝一夕就可以具有的，也并非是生来就有或者是不可能改变的特性，它是一种能够培养和发展的技能。你在平时就应该培养自己坚强的意志力。

如何拥有坚强的意志力

■ 当你失败的次数够多，而你又没有被击倒，你就一定会成功。

■ 一个人的成功，在很大程度上取决于他的信念程度。成功者只是多了一份坚持。

■ 如果你用顽强的意志克服了一种不良习惯，那么你就能获取面对另一次挑战并且赢得胜利的信心。即使面对的新任务更加艰难，但既然以前能成功，这一次也一定会成功。

■ 在遇到困难时，想象自己克服它之后拥有的快乐。

■ 如果你因为看不到实际好处而对口才训练三心二意的话，只有愿望是无法使你心甘情愿地坚持下去的。试着权衡利弊——想想如果不成功的话将会有什么结果，而成功的话你又有什么收获，这样你就会主动地坚持下去。

8. 不放过每一个练习的机会

我们都知道，一个人如果不下水，便永远也学不会游泳。说话能力也是如此。如果你不开口说话，即使学到了再多的关于口才或关于发音的知识，也不可能学会它。我前面举的所有说话高手的例子中，如果他们不经常说话并且不思考怎么更好地说话，他们也是不可能取得成功的。

第一次世界大战以后，我在125街青年基督协会所教授的课程已经改变，不再像当年一样。我每年都有新的观念加入课程，而有些旧思想则会被淘汰。但是有一点一直没有变化，那就是训练班的每个学员都被要求至少当众说一次话，更多的时候是至少两次。我认为，如果不经常练习的话，就算你读遍了所有关于口才的著作——包括我这本书，你也仍然学不会如何说话。所以，本书对你只是指引，你得有自己的实践才行。

每个人都会有理想的自我形象，希望别人以赞许的目光来看待自己。当他跟某个陌生人接触、与异性交往、与权威人士交谈或是当众说话的时候，他就会不由自主地意识到自我形象面临着某种威胁，担心自己一说话就错误百出、当众出丑，害怕别人说自己"笨蛋"、"没水平"或者"爱出风头"、"好表现"等。很多人由于对说话可能产生的结果的不确定性感到担心，因此不愿意开口。这种担心是完全没有必要的。你要知道，即使你没有说好，天也塌不下来，没有人会责怪你的。

萧伯纳向别人介绍自己提高口才的经验时说："我借鉴了自己学溜冰的方法——我让自己一个劲地出丑，直到学会为止。"无论你是想成为一个像萧伯纳那样出色的演讲家，还是只想在人们面前从容不迫地讲话，你都应该抓住每一个可以练习的机会，尽量让自己"出丑"。

说话的机会到处都是。看看自己的周围，你会发现没有一个地方是不需要说话的。你可以有意识地参加一些组织，从事一些需要讲话的工作；你也可以在聚会上站起来说上几句，哪怕只是附和别人的几句话；开会的时候，不要让自己躲在角落里，而是要命令自己勇敢地站起来说话。只有这样，你才会知道自己有怎样的进步，才会学会说话的本领。

当你开口说话的时候，一开始你可能连自己都不知道自己想要表达什么观点，更谈不上什么文采和修饰了，但这不是什么大事。最重要的是你已经成功地开口说话了，如果你能坚持下去，接下来你要关心的问题才是这些。不论你有多么渊博的知识、多么睿智的大脑，你都不要期望一开始就能清晰明白地向别人表达出来。任何成功的说话高手都是从这一步走过来的。

"你说的这些道理我全都懂，"有一次，一位年轻的商务主管学员对我说，"可是我还是很犹豫，我似乎害怕学习的艰难和考验。"

"什么艰难和考验呢？"我说，"赶快丢掉这些思想吧！你为什么就不能用一种正确的征服性的精神来看待这个问题呢？"

"那是什么精神？"他问道。

"冒险精神。"我说。接着我又对他讲了一些通过说话获得成功，并且使自己的个性也发生了好的变化的例子。

"我一定要试试，我也要去从事这项冒险活动。"他最后说。

你正在读的这本书，是一本关于冒险行动的书。当你继续阅读本书并打算付诸实施的时候，你也是在进行跟他一样的冒险。你将会发现，在这项冒险活动中，你的自我引导能力和敏锐的观察力将会给你带来帮助；你还会发现，这项冒险将会从内到外地改变你。

抓住每一个机会说话

□ 进步是一次一次慢慢得来的。每发表一次当众说话，你就朝成功的目标又迈进了一步。

□ 当你错过一次说话的机会，你应该感到非常后悔。

□ 开始学习说话时，你的过度紧张是可以原谅的。

□ 如果不开口，你永远提高不了你的说话能力，而别人将得到这个锻炼的机会。

第二章
说话高手的六项训练

费利普阿穆曾经说："我宁愿成为一个说话高手而不愿成为一个大资本家。"我们不妨相信他所说的话，他的话并不代表他不想拥有更多的钱，而是他认为：成为一个说话高手将使他成为资本家变得更加容易，或者成为资本家比不上拥有高超的说话技巧让他更加快乐。

的确，成为说话高手几乎是每个人梦寐以求的事情。所有的获取快乐的手段，都比不上能够随心所欲地表达自己的想法。我相信，如果让林肯在成为一个不会说话的天才和拥有卓越口才的普通人之间进行选择的话，他会更加愿意选择后者。幸运的是，他同时拥有这两者。

但是，毕竟像林肯这样的人不多，即使只是作为一个伟大的演说家的林肯——而不管他其他杰出的才能——也屈指可数，更多的是那些每天都为说话而苦恼的人。大多数人都不是说话高手——如果情况相反的话，我相信这个世界会变得更加迷人——他们有的由于无法与妻子沟通导致家庭破裂，有的在谈判桌上败下阵来，有的无法向朋友清楚地表达自己的感受，更多的则是兼而有之。

"如何让自己成为一个说话高手而不仅仅是会说话而已？"那些卡耐基口才训练班的学员在一开始经常问我这样一个问题。

"这并不难，"我说，"只要你们掌握了一些训练方法。"

9. 让对方多说话

很多人急于让对方(为了写作的方便,除非特别提及,否则本书中"对方"一词指的是包括两人谈话中的"对方"、演讲中的"听众"等在内的所有场合的说话对象,即泛指的对象;另外,在做第三人称的时候也多用复数)明白自己的意见,话说得太多了。要知道,有时候话说得太多跟不说话的效果差不多。

尽量让对方多说话吧!他们对自己的事情和问题一定比对你了解得要多。所以,在必要的时候,向他们提一些问题,让他们告诉你一些事情。这样做将会使你们的交流更加有效果。

如果你并不同意对方的观点,你可能想去反驳他。可是你千万不要这么做,因为这将是非常危险的。当一个人急于把自己的观点表达出来的时候,他绝对不会注意别人的观点。在这个时候,你要做的事情就是听听他有什么观点,鼓励对方充分地发表自己的意见。

首先,让我们来看看这种策略的运用在商业上的价值。

若干年前,美国最大的汽车制造公司之一正在和三家重要的厂商洽谈订购下一年度的汽车坐垫布。这三家厂商都已经做好了坐垫布的样品,并且已经得到汽车制造公司的检验。汽车制造公司告诉他们,他们可以以同等条件参加竞争,以便公司做出最后的决定。

其中一个厂商的业务代表R先生——他后来成为卡耐基口才训练班的学员——在班上叙述他的经历时说:"不幸的是,我在抵达的时候,正患有严重的喉炎。当我参加高级职员会议时,我已经几乎说不出话来了。他们领我到一个房间,该公司的纺织工程师、采购经理、推销经理以及总经理跟我晤面。我站起来,想尽力说话,但是却只能发出沙哑的声音。最后,我只能在纸上写道:各位,对不起,我的嗓子哑了,不能说话。

"'那么,就让我替你说吧!'该公司的总经理看到后说。他帮我展示了我的样品,并且对着大家称赞了它的优点。在他的提议下,大家围绕着样品的优点展开了热烈的讨论。由于那位总经理在替我说话,因此在这场讨论中，我只是微笑、点头以及做了几个简单的手势。

"这个特殊的会议讨论的结果是我赢得了这份订单，和该公司签订了50万码的坐垫布。这是我获得的最大的订单——它的总价值为160万美元。我很幸运。我知道，假如我的嗓子没有哑，那么，我可能得不到这个订单，因为我对整个情况的看法是错误的。这个经历让我发现，让别人说话是多么有益。"

交易成功的关键在于，如果你希望别人买你的商品，最好的办法莫过于让他们自己说服自己。在很多情况下，你不能直接向顾客推销你的商品，而要让他们在心底里觉得你的商品确实很有优势，从而主动来买你的商品。

让对方说话，并不只是在商业领域起到了它的作用，也有助于别的方面。比如，它可以帮助你处理家庭中的一些矛盾。

芭芭拉·威尔逊是卡耐基训练班的学员，她和她的女儿罗瑞的关系近段时间迅速恶化。罗瑞以前是个十分乖巧和听话的孩子，但是当她十几岁的时候，却与母亲产生了许多矛盾，拒绝与母亲合作。威尔逊夫人曾试图用各种方法威吓、教训她，但是都无济于事。

"她根本不听我的话，我几乎放弃了所有的努力。有一天，她家务活还没做完，就去找她的朋友玩。当她回来的时候，我照旧骂了她。我已经没有耐心了，我伤心地对她说：'罗瑞，你为什么会这样呢？'

"罗瑞似乎看出了我的痛苦。她问我：'你真想知道吗？'我点头。于是她开始告诉我以前从未跟我说过的事情：我总是命令她做这做那，从来没有想过要听她的意见；当她想跟我谈心的时候，我却总是打断她。我认识到，罗瑞其实很需要我，但她希望我不是一个爱发命令、武断的母亲，而是一个亲密的朋友，这样她才能倾诉烦恼。而以前，我从未注意到这些。从那以后，我开始让她畅所欲言，而我总是认真地听。现在，我们的关系大大改善，我们成了好朋友。"

同样地，让别人说话，可能对你求职也有很大的用处。

最近，纽约《先锋导报》刊登了一则招聘广告，他们需要聘请一位有特殊能力和经验的人。查尔斯·克伯利斯看到广告后，把他的资料寄了出去。几天之后，他收到了约他面谈的回信。

"如果能在你们这家有着如此不凡经历的公司做事，我将会十分自豪。听说在28年前，当你开始创建这家公司的时候，除了一张桌子、一间办公室、一个速记员之外什么都没有，简直难以置信。这是真的吗？"在面谈的时候，克伯利斯对与他面谈的老板这样说。实际上，每个成功的人都喜欢回忆自己早年的创业经历，并且十分高兴别人能听他讲下去。这个老板也不例外。他跟克伯利斯谈了很久，谈了他如何依靠450美元现金开始创业，每天工作12～16个小时，在星期日及节假日照常工作，以及他最后终于战胜了所有的困难。最后，这位老板简单地问了克伯利斯的经历，然后对他的副经理说："我想他就是我们正在寻找的人。"

克伯利斯成功的原因可能没有这么简单，但是有一点十分重要：他聪明地提出了一个对方十分感兴趣的问题，并且鼓励对方多说话，因此给了老板很好的印象。

法国哲学家罗司法考说过："如果你想结仇，你就要比你的朋友表现得更加出色；但如果你想要得到朋友，那就要让你的朋友表现得更出色。"他的意思是，当你的朋友胜过你时，他们就会产生一种自重感；但是如果相反，他们就会产生一种自卑感，并且开始对你猜疑和忌妒。

亨丽塔女士是纽约市中区人事局里与别人关系最融洽的工作介绍顾问。但是一开始有好几个月，亨丽塔在同事中连一个朋友也没有。

"我的工作干得确实很不错，我一直很骄傲。"亨丽塔在我的班上说，"奇怪的是，同事们不但不愿意跟我分享我的成绩，而且似乎很不高兴。而我渴望和他们做朋友。在上了这种辅导课之后，我开始按照它去做了，我开始少谈自己，多听同事们说话。我发现，其实他们也有许多值得夸耀的事。对他们而言，把他们的事情告诉我，比听我的自吹更能让他们高兴。现在，每次我们在一起聊天的时候，我都会让他们告诉我他们的故事，共同分享他们的故事。只有当他们问及，我才略微地谈论一下我自己。"

有时候，弱化我们自己的成就会使人喜欢你。德国人有句俗语，大意是：最大的快乐，便是从我们所羡慕的强者那里发现弱点，从而让我们得到满足。是的，你要相信，也许你的一些朋友会从你的挫折或弱点中得到更大的满足。

有一次，一位律师在证人席上对埃文·考伯说："考伯先生，我听说你是美国最著名的作家，是这样吗？"考伯回答说："我不过是徒有虚名罢了。"

考伯的回答方法是正确的。你或许不知道是什么使我们不至于成为白痴，那并不是什么了不起的东西，只是你甲状腺中值5美分镍币的碘而已。而如果没有那点东西，我们就会成为白痴。我们都没有什么了不起的。人终有一死，百年之后，我们中的绝大多数都会被人忘记。生命如此短暂，我们不应该对自己小小的成就念念不忘，这样会使人厌烦的。因此，如果你希望别人的看法跟你一致，使你们的谈话进入佳境，就要鼓励别人多说话——这是你必须要做的事情。

鼓励别人多说话

■ 在你已经说了一些话的时候，停下来，休息一下，给别人说话的机会。这不仅是在让你自己的嘴巴休息，也在某种程度上使你的大脑得到了休息——不要让它们连续工作得太久。

■ 即使是我们的朋友，他们也不愿我们多夸耀自己的过去，而宁愿谈论他们的成就。

■ 也许你的听众装作很认真地在听你的谈话，但是也许他没有真的认真在听。因此，最好让他也说说话。

■ 我们可以在别人的谈话中找到你打算继续的话题。

10. 不要和别人争论

第二次世界大战后不久，我在伦敦得到了一个极为重要的教训。那时，我是澳大利亚飞行家詹姆斯的经理人。在大战期间和结束后不久，詹姆斯成为世界瞩目的人物。一天晚上，我参加了欢迎詹姆斯的宴会。那时，坐在我右边的一位来宾给我们讲了一段诙谐的故事，并在讲话中引用了一句话。

他指出这句话出自《圣经》，而我恰好知道这句话出自莎士比亚的作品。

那时候，为了显得自己有多么突出，我毫无顾忌地纠正了他的错误。然而那人却说："什么？那句话出自莎士比亚？不可能，绝对不可能。"他坚持认为自己是对的。

当时，坐在我左边的是我的老朋友加蒙，他是一个研究莎士比亚的专家。我们让加蒙来决定我们谁是正确的。加蒙在桌子底下踢了我一脚，然后说："卡耐基，你是错的，这句话的确出自《圣经》。"

宴会之后我们一起回家。我责怪加蒙说："你明明知道那句话是出自莎士比亚之口，为什么还要说我不对呢？"

"是的，一点都不错。"加蒙说，"那是莎士比亚的《哈姆雷特》第五幕第二场中的台词。可是卡耐基，我们都是这个宴会上的客人，为什么我们一定要找出一个证据，去指责别人的错误呢？你这样做会让别人对你产生好感吗？你为什么不能给他留一点点面子呢？他并不想征求你的意见，也不想知道你有什么看法，你又何必去跟他争辩呢？记住这一点，卡耐基：永远不要跟他人发生正面冲突。这是一个真理。"

"永远不要和他人发生正面冲突。"说这句话的人现在已经不在这个世界上了，可是我会永远记住这句话。

这个教训给了我极大的震动。我原来是一个固执己见的人，从小就喜欢跟人辩论。读大学的时候，我对逻辑和辩论十分感兴趣，经常参加各种辩论比赛。后来，我在纽约教授辩论课，甚至还计划着手写一本关于辩论的书。现在，我一想起这些事，就会感到十分羞愧。

那天之后，我又聆听了数千次辩论，并且十分注意每次辩论会之后产生的影响。我得出一个结论，它也是一个真理：天下只有一种方法能得到辩论的最大胜利，那就是像避开毒蛇和地震一样，尽量去避免辩论。

我还发现，在辩论之后，几乎每个人还是会坚持自己的观点，相信自己是绝对正确的。

辩论产生的结果只能是失败，永远无法获胜。即使表面上你取得了胜利，实际上却与失败没有什么区别。因为就算你在辩论会上胜了对方，把对方驳得体无完肤，甚至指责对方神经错乱，可是结果又会怎么样呢？你自然逞了一时之快，自然很高兴，但是对方却会感到自卑。你伤了他的自尊，他会对你心怀不满。

你应该知道，当人们被迫放弃自己的意见而同意他人的观点的时候，就算他看起来是被说服了，实际上他反而会更加固执地坚持自己的意见。

巴恩互助人寿保险公司为他们的职员定下了这么一条规定：不要争辩。他们认为，一个好的推销员是不会跟顾客争辩的，即使是最平常的意见不合，也应该尽量避免。因为人的思想是不容易改变的。

老富兰克林的话正好可以说明这一点："如果你辩论、反驳，或许你会得到胜利，可是那胜利是短暂、空虚的，而你将永远也得不到对方对你的好感。"空虚的胜利和人们对你的好感，你希望得到哪一样呢？

在威尔逊总统任职期间担任财政部长的玛度，以他多年的从政经验告诉人们一个教训："我们绝不可能用争论使一个无知的人心服口服。"而如果要我说的话，我认为：你别想用辩论改变任何人的意见，而不只是无知的人。

下面我将再举一个例子。所得税顾问派逊先生，曾经为了一笔9000美元的账目问题和一位政府税收稽查员争论了一个小时。派逊的意见是：不应该征收人家的所得税，因为这是一笔永远无法收回的呆账。而那位稽查员却认为必须要缴税。

派逊在讲习班上讲了后来的情形：

"他冷漠、傲慢、固执，跟这种人讲理，就如同在讲废话。越跟他争辩，他越是固执己见。后来我决定不再继续跟他争论下去，于是就换了个话题，还赞赏了他几句。

"'由于你处理过许多类似的问题，'我这样对他说，'所以这个问题对你来说肯定是小菜一碟。而我虽然也研究过税务，但不过是纸上谈兵。你当然知道，这些是需要实践经验的。说实在话，我非常羡慕你有这样的一个职务，这段时间让我受益匪浅。'

"当然，我跟他讲的，也都是实在话。那位稽查员挺了挺腰，就开始谈他的工作，讲了许多他所处理的舞弊案件。他的语气渐渐平和下来，接着又说到自己的家庭和孩子。临走的时候，他对我说他打算回去再把这个问题考虑一下。

"三天后，他来见我，说那笔税按照税目条款办理，不再多征收。"

这位稽查员的身上，显露出了人性一个常见的弱点，即希望得到别人的认同。当派逊跟他争辩的时候，他显得十分有权威，希望以此来建立自尊；而当派逊认同他的时候，他就随即变成了一个和善的、有同情心的人，从而自然而然地停止了争论。

释迦牟尼说过："恨永远无法止恨，只有爱才可以止恨。"因此，误会不能用争论来解决，而必须运用一定的外交手腕和给予别人的认同来解决。

林肯曾经这样斥责一位与同事争吵的军官："一个成大事的人，不应处处与人计较，也不应花大量的时间去和他人争论。无谓的争论不仅会有损你的教养，而且会让你失去自控力。尽可能对别人谦让一些。与其挡着一只狗，不如让它先走一步。因为如果被狗咬了一口，就算你把这只狗打死，也不能治好你的伤口。"我认为，林肯的话也应该成为你的行动准则。

不要和他人争辩

◻ 在你打算开口辩论之前，想想对方说的确实也很有道理。

◻ 在辩论时，也许你的意见和立场是对的，但是如果你想改变你对手的意志，辩论是最糟糕的方法。

◻ 真理有时候并非越辩越明。

◻ 不要直接指出他人的错误，因为这可能会给你带来一场无聊的争论。

◻ 在推销中也是如此，真正的推销术不是争论，即使是不露声色的争论。

11. 永远不要指责他人的错误

在我研究青年时代的林肯的时候，我惊奇地发现：胸襟博大的林肯一开始竟然是一个以指出别人的错误为乐的人。在他年轻的时候，他非常喜欢对别人进行评论，并且经常写信讽刺那些他认为很差劲的人。他常常把信直接丢在乡间路上，使别人散步的时候能够很容易看到。即使在他当上了伊里诺州春田镇的见习律师以后，他还是经常在报纸上抨击那些反对者。

1842 年的秋天，林肯经历了一件令他刻骨铭心的事情。当时他写了一封匿名信并发表在《春田日报》上，嘲弄一位自视甚高的政客——詹姆斯·希尔斯。这封信使希尔斯受到了全镇人的讥笑。希尔斯愤怒不已，全力追查写信人，最后查到是林肯写的那封信。他要求和林肯决斗，以维护自己的名誉。本来林肯并不喜欢决斗，但是却无奈只能答应。他选择了骑士的腰刀作为武器，并且请了一位西点军校毕业生来指导他的剑术。

数日来，林肯一直处在一种十分愧疚和自责的状态下，因为这一切都是他指责对方的错误而导致的。他在这样的心态下等待着那惊心动魄的时刻的到来。幸好——非常意外地——在决斗开始的前一刻，有人出面阻止了这场决斗。

为了指责别人的错误而被迫与别人一决生死，这是多么愚蠢的一件事。林肯终于决定以后再也不做这样的事情了。他不再写信骂人，也不再为任何事指责任何人。

内战期间，林肯好几次调换了波多马克军的将领，但是这些将领却屡次犯错。人们无情地指责林肯，说他用人不当。林肯并没有因此而对这些将领进行指责，而是保持了沉默。他说："如果你指责和评论别人，别人也会这样对你。"他还说："不要责怪他们，换作是我们，大概也会这样的。"

1863 年 7 月 3 日开始的葛底斯堡战役是内战期间最重要的一次战役。7 月 4 日，李将军率领他的军队开始向南方撤离。他带着败兵逃到了波多马克河边，他的前面是波涛汹涌的大河，身后是乘胜追击的政府军。对北方军队而言，这简直是天赐良机，完全可以一举歼灭李将军的部队，从而很快地结束内战。林肯命令米地将军果断出击，告诉他不用召开紧急军事会议。为了确保命令的下达，他不仅用了电报下令，另外还派了专门人员传达口讯给米地将军。

结果呢？米地将军并没有遵照林肯的命令行事，而是召开了紧急军事会议。他借故拖延时间，甚至拒绝攻打李将军。最后，李将军和他的军队顺利地渡过了波多马克河，保存了实力。

当听到这个消息后，林肯勃然大怒——他从来没有这么愤怒过。失望之余，他写了一封信给米地将军。信的内容是这样的：

"亲爱的米地将军：

我不相信，你也会对李将军逃走一事感到不幸。那时候，他就在我们眼前，胜利也就在我们眼前。而现在，战争势必继续进行。既然在那时候你不能擒住李将军，如今，他已经到了波多马克河的南边，你怎么取得胜利？我已经不期待你会成功，而且也不期待你会做得多好。机不可失，时不再来，我对此深感遗憾。"

你可以猜测一下米地将军读到这封信的时候会有什么表情。但是，你可能会感到意外的是，他根本没有收到过这封信，因为这封信林肯并没有寄出去——人们是在一堆文件里发现它的。

林肯忘记把这封信寄出去了吗？这是不可想象的。众所周知，这是一封十分重要的信件。有人回忆了当时的情景：

"这仅仅是我的猜测……"林肯在写完这封信时，心里想道，"当然，也许是我性急了。坐在白宫，我当然能够看得更加清楚，也更加能够指挥若定。但是，如果我在葛底斯堡的话，我成天看见的是因为伤痛而号哭的士兵，或者成千上万的尸骨，也许，我就不会急着去攻打李将军了吧！我一定也会像米地将军一样畏缩的。现在，既然事情已经发生了，唯一能做的就是承认它。至于这封信，如果我把它寄出去的话，我想除了让自己感到愉快之外，将不会有任何其他的好处。相反，它会使米地将军跟我反目，迫使他离开军队，或者断送他的前途。这是大家都不愿意看到的。"

于是，林肯把那封已经装好的信搁在了一边。因为他相信，批评和指责所得的效果等于零。

林肯总统从以前总爱指出别人的错误到后来如此宽容的巨大转变，给我们树立了一个榜样。他以自己的切身经验告诉我们：永远不要指责他人的错误。

当年，西奥多·罗斯福入主白宫的时候说，如果他在执政期间能有75%的时候不犯错，那就达到了他的预期目的了。这位20世纪最杰出的人物尚且如此，那么作为普通人的你我呢？假如你确定自己能够做到55%的正确率，你就可以去华尔街，在那里你可以日进100万美元，丝毫没有问题。如果你没有这样的把握，那么你也不要对别人品头论足了。

我现在已经不再像以前那样轻易地确定任何事了。20年以前，我几乎只相信乘法表；现在，我开始对爱因斯坦的书里所说的持有怀疑；而20年后，我或许也不再相信这本书里所说的话了。苏格拉底的那句话说得实在很精彩："我只知道一件事，那就是我什么也不知道。"我不敢跟苏格拉底相比，因此我也尽量不告诉别人他们错了。

事实上，大多数人都不会进行逻辑性的思考，他们都犯有主观的、偏见的错误。多数人都有成见、忌妒、猜疑、恐惧以及傲慢的心理，而这些缺点将给他们的判断带来影响。如果你习惯于指出别人的错误的话，请你认真阅读下面的这段文字。它摘自于著名心理学家卡尔·罗吉斯的《怎样做人》一书。

"当我尝试了解他人的时候，我发现这实在很有意义。对此，你可能会感到奇怪，你可能会想：我们真的有必要这样去做吗？我认为，这是绝对必要的。我们在听到他人说话的时候，第一反应往往是进行判断或进行评价，而不是尽力去理解这些话。当别人说出某种意见、态度或想法的时候，我们总是会说'不错'、'太可笑了'、'正常吗'、'这太离谱了'等等评论性的话。而我们却很少去了解这些话对说话人有什么意义。"

另外，詹姆斯·哈维·鲁滨孙教授在《决策的过程》中写了下面一段话，对我们也很有启迪意义。

"……我们会在无意识中改变自己的观念。这种改变完全是潜移默化而不被我们自己注意的。但是，一旦有人来指正这种观念，我们一般会极力地维护它。很明显，这并不是因为观念本身的可贵，而是因为我们的自尊心受到了伤害……在为人处世时，'我的'这个词既简单又重要。妥善地处理好这个词，是我们的智慧之源。无论是'我的'饭、'我的'狗、'我的'屋子、'我的'父亲，还是'我的'国家、'我的'上帝，都拥有同样巨大的力量。我们不仅不喜欢别人说'我的'手表不准或'我的'汽车太旧，也不喜欢别人纠正我们对于火星上水道的模糊概念、对于E·Pictetus一词的读音，以及对于水杨素药效的认识，或对于亚述王沙冈一世生卒年月的错误……我们总是愿意相信我们所习惯的东西。当我们所相信的事物被怀疑时，我们就会产生反感，并努力寻找各种理由为之辩护。结果怎样呢？我们所谓的理智、所谓的推理等等，就变成了维系我们所习惯的事物的借口了。

在这样的情况下，我们得出的判断可靠吗？当然不可靠。既然自己都不能确信自己就是对的，我们还有资格对别人指手画脚吗？

当然，如果一个人说了一句你认为肯定错误的话，而且指出来对你们的交流会有好处的话，你当然可以指出来。但是，你应该这么说："噢，原来是这样的。不过我还有另外一种想法，当然，我可能不对——我总是出错。如果我错了，请你务必毫不客气地指出来。让我们看看问题所在。"

用这类话，比如"我也许不对"、"我有另外的想法"等等，确实会收到神奇的效果。无论何时，无论何地，不会有人反对你说"我也许不对，让我们看看问题所在"。

柏拉图曾经告诉人们这样一个方法："当你在教导他人时，不要使他发现自己在被教导；指出人们所不知的事情时，要使他感到那只是提醒他一时忽略了的事情。你不可能教会他所有的东西，而只能告诉他怎么处理这种事情。"19世纪英国的著名政治家查斯特费尔德对他的儿子这样说："如果可能，你应该比别人聪明；但绝不能对别人说你更加聪明。"

永远不要这么说："我要给你证明这样……"这对事情无益，因为你等于在说："我比你聪明，我要告诉你这样去做才是对的。"你以为他会同意你吗？绝对不会，因为你直接打击了他的智慧、他的判断力以及他的自尊。这永远不会改变他的看法，他甚至有可能起来反对你。即使你用严谨如柏拉图或康德的逻辑来和他辩论，你也不能改变他的看法。因为，你已经伤害了他的感情。

如果你确定某人错了，然后直截了当地告诉了他，那么结果会怎么样呢？让我们来看看具体的事例，因为事例可能更有说服力。

F先生是纽约的一位青年律师，最近参加了一个重要案件的辩论。这个案件由美国最高法院审理。在辩论中，一位法官问F先生："《海事法》的追诉期限是6年，是吗？"

F先生有些吃惊，他看了法官一会儿，然后直率地说："审判长，《海事法》里没有关于追诉期限的条文。"

人们顿时安静了下来，法庭中的温度似乎降到了零度。F先生是对的，法官是错的，F先生如实地告诉了法官。但是结果如何呢？尽管法律可以作为F先生的后盾，而且他的辩论也很精彩，可是他并没有说服法官。

F先生犯了一个大错，他当众指出了一位学识渊博、极有声望的人的错误，所以他失败了。他这样做有益于事情的解决吗？事实证明，一点也没有。

即使在温和的情况下，也不容易改变一个人的主意，更何况在其他情况下呢？当你想要证明什么时，你大可不必大声声张。你需要讲究一些策略，使对方在不知不觉中接受你的观点。

如果你想要在这方面找一个范例的话，我建议你读一读本杰明·富兰克林的自传。在这本书里，富兰克林讲述了他是如何改变争强好胜、尖酸刻薄的个性的。

富兰克林年轻的时候总是冒冒失失。有一天，教友会的一位老教友教训了他一顿："你可真的是无可救药。你总是喜欢嘲笑、攻击每一个跟你意见不同的人，而你自己的意见又太不切实际了，没人接受得了。你的朋友一致认为，如果没有你，他们会更加自在。你知道的东西太多了，没有什么人能够再教你什么，而且也没有人愿意去做这种事情，因为那是吃力不讨好的。可是呢，你现在所知又十分有限，却已经学不到什么东西了。"

富兰克林决定接受这尖刻的责备，实际上他那时候已经很成熟和明智了，但是他知道这是事实，而且对他的前途有害无益。富兰克林回忆说："我订下了一条规矩：不许武断、不允许伤害别人的感情，甚至不说'绝对'之类肯定的话。我甚至不容许自己在自己的语言文字中使用过于肯定的字眼，比如'当然'、'无疑'等等，而代之以'我想'、'我猜测'、'我想象'或者'似乎'。当我肯定别人说了一些我明明知道是错误的话，我也不再冒冒失失地反驳他，不再立即指出他的错误。回答别人时，我会说'在某种情况下，你的意见确实不错；但是现在，我认为事情也许会……'等等。很快地，我就发现了我的改变所带来的效果。每次我参与谈话，气氛都变得融洽和愉快得多。我谦逊地表达自己的意见，不但让别人能够容易接受，而且还会减少一些冲突。而当我犯了错误的时候，我也不再难堪；当我正确的时候，更加容易使对方改变自己的看法而赞同我。

"一开始，采取这种方法的确跟我的本性相冲突，但是时间一长，也就越来越习惯了。在过去的50年里，我没有再说过一句过于武断的话。我提议建立新法案或修改旧法律条文能得到民众的重视，我成为议员后能具有相当大的影响力，都要归功于这一习惯。虽然我并不善辞令，没有什么口才，谈吐也比较迟缓，甚至有时还会说错话，但一般而言，我的意见还是会得到广泛的支持。"

在这一小节中，我并没有讲什么新的观念。你要知道，在将近2000年前，耶稣就已经说过："尽快跟你的敌人握手言和吧！"而在耶稣诞生之前的2000多年前，古埃及国王阿克图告诫他的儿子说："谦虚而有策略，你将无往不胜。"我们似乎也可以这么理解：不要同你的顾客或你的丈夫争论，不要指责他错了，不要刺激他，你需要讲究一些策略，这样你才会成功。这就是我要讲的。

不要指责他人的过错

◻ 尊重他人的意见，不要随便地给出你的判断。

◻ 在你指出他人的过错之前，想一想这样做是否有好处。

◻ 判断别人的对错，不一定要根据自己的原则，可以试着用他人的原则，可以设身处地地想一想。

◻ 争辩得胜只能使你得不偿失，逞一时之快不会给你带来更多的好处。

◻ 你可以不同意他人的意见，同时你也要想一想，他人也可以不同意你的意见。

12. 勇敢地承认自己的错误

乔治·华盛顿总统在很小的时候就显示出了许多优秀的品格。他家的种植园中种有许多果树。有一次，乔治的父亲华盛顿先生从大洋对岸买了一棵品种上佳的樱桃树。华盛顿先生非常喜爱这棵樱桃树，他把树种在果园边上，并告诉农场上的所有人要对它严加看护，不能让任何人碰它。

一天，华盛顿先生交给乔治一把锋利的小斧子，让他去清理杂树，然后自己就出去了。乔治十分高兴自己拥有一把锋利的小斧子，所以拿着它在种植园中乱砍杂树。可能是因为太高兴了，他一不小心就砍倒了那棵樱桃树。

那天傍晚，华盛顿先生忙完农事，把马牵回马棚，然后来果园看他的樱桃树。没想到，自己心爱的树居然被砍倒在地。他问了所有人，但谁都说不知道。就在这时，乔治恰巧从旁边经过。

"乔治，"父亲用生气的口吻高声喊道，"你知道是谁把我的樱桃树砍死了吗？"

乔治看到父亲如此愤怒，他意识到是自己的一时冲动闯了祸。他哼哼叽叽了一会儿，但很快恢复了神志。"我不能说谎，"他说，"爸爸，是我用斧子砍的。"

华盛顿先生这时候已经冷静了下来，他问乔治：

"告诉我，乔治，你为什么要砍死那棵树？"

"当时我正在玩，没想到……"乔治回答道。

华盛顿先生把手放在孩子肩上。"看着我，"他说道，"失去了一棵树，我当然很难过，但我同时也很高兴，因为你鼓足勇气向我说了实话。我宁愿要一个勇敢诚实的孩子，也不愿拥有一个种满枝叶繁茂的樱桃树的果园。一定要记住这一点，儿子。"

乔治·华盛顿从未忘记这一点。他一直像小时候那样勇敢、受人尊敬，直至生命结束。

我们中的大多数人都像乔治·华盛顿一样，从小就被教育要诚实，但很遗憾的是，我们中的大多数人已经做不到这一点了。当然，我们可以找出各种理由来为自己辩解，使自己能够既撒谎又心安理得。在多数情况下，我们为了维护自己的尊严，或者出于自我保护而拒绝承认自己的错误，即使承认错误不会给我们带来任何惩罚——拒绝承认错误好像成为一种下意识的行为，就算我们并不清楚是为什么。

这是一种可怕的行为。如果你确认自己犯了错误，唯一能做的就是承认它。这并不会给你带来多么严重的后果。愚蠢的人，总会想办法为自己的错误辩解或者掩饰；而聪明的人却恰恰相反，他们通常会毫不掩饰地承认自己的错误，因为这会给他带来更多的东西。

在纽约的一家汽车维修店里，曾经发生过一件勇敢地承认自己错误的事情。

布鲁士刚进这家维修店不久，就因为热情的工作态度得到了老板和同事们的一致好评。

但是有一天，由于一时大意，布鲁士把一台价值5000美元的汽车发动机以2500美元的价格卖给了一位顾客。同事们给他出主意，让他立即追回那位顾客；如果追不回，还可以私下里垫上这2500美元。可是布鲁士觉得这些方法都不好，他决定向老板承认错误。那些同事阻止他，认为他这么做简直太蠢了，因为这会导致他失去这份工作。但是布鲁士却坚持自己的主意。

布鲁士拿着一个装了钱的信封来到了老板的办公室。"对不起，布朗先生，"布鲁士说道，"今天，由于个人的原因，我犯了一个很大的错误，使维修店损失了2500美元。我为我犯了这样的错误而感到羞耻，并打算辞去这份工作。在走之前，我打算把这笔损失补上。这是我的2500美元赔款，请您收下。"

老板听后，沉默了一会儿，然后对布鲁士说："你真的打算这么做吗？"

"是的，布朗先生，"布鲁士回答道，"我把发动机的价格搞错了，确实是我犯下了这个错误，因此只有我自己来承担这个责任。我本来可以去找那位顾客，但是这样会损害维修店的声誉。而我，对这件事情负有全部的责任。因此，我只能这么做。"

布鲁士这种勇敢承认自己错误的行为打动了老板。他知道，任何人都会犯错误，关键是要有承认和改正自己的错误的勇气。所以，老板并没有批准布鲁士辞职，而是给了他更大的发展空间，也更加器重他，而布鲁士则因为勇敢地承认自己的错误而获得了比 2500 美元多得多的东西。

史狄芬是一家裁缝店的老板，由于他经营有道，裁缝店的生意很好。一天，一位叫哈里斯的贵妇人来到店里，要求赶做一套晚礼服。史狄芬做完礼服之后，却发现礼服的袖子比要求的长了半寸。不幸的是，他已经没有时间再进行修改了，因为哈里斯太太规定的时间已经到了。

当哈里斯太太来到店里取她的晚礼服的时候，并没有发现有什么问题。她试穿上晚礼服，发现它为自己平添了许多气质，于是连连称赞史狄芬的高超手艺。不料，等她试完之后打算按照原定的价格付钱时，史狄芬却拒绝接受。于是，哈里斯太太问他为什么。

"太太，"史狄芬说，"我之所以不能收你的钱，是因为我犯了一个很大的错误——我把你的晚礼服的袖子做长了半寸。我很抱歉，我希望你能够原谅我。如果你能够给我一点时间的话，我将免费为你把它做成你需要的尺寸。"

哈里斯太太听完，一再强调她对这件礼服很满意，而且并不在乎袖子长半寸。但是，她并不能说服史狄芬接受这套礼服的钱，最后，她只得让步。

哈里斯太太回去对她的丈夫说："史狄芬以后一定会出名的，他认真地工作、精湛的技术、诚恳的态度使我坚信这一点。"

事实果然如此，史狄芬后来成为世界有名的服装设计师。

我可以举出上千个这样的例子来，但是我没有必要这么做。这个道理人人都懂，只是实践起来有一些困难罢了。我想要强调的是，如果你确实想要成功，就一定要勇敢地承认自己的错误。

坦诚地认错

□ 记住这句古话："争斗永远无法使你得到满足，而让步将使你得到的比你期望的更多。"

41

■ 有错就勇敢地承认，这正是所有伟大的人物所具有的高尚品格。

■ 不要害怕别人会笑话你主动承认错误，事实上，如果你不承认的话，他们不但会给你指出来，而且更会讥笑你的怯懦和虚伪。

■ 承认错误时一定要诚恳，要让人们相信，你真正认识到了这一点，并且将会尽力去改正。

13. 使对方一开始就说"是"

苏格拉底是历史上赫赫有名的伟大思想家。他所做的事情没有几个人能够做到。他彻底改变了人类的思想进程，同时也是这个世界上最具影响力的劝导者之一。

他会指出别人的观点是错误的吗？当然不会。他的方法被称为"苏格拉底辩论法"，就是以对方肯定的答复作为这种方法的辩论基础。他提出的每一个问题，都会得到别人的赞同；然后，他连续不断地获得肯定的答复；最后，反对者会在不知不觉中承认苏格拉底的观点而放弃自己的观点。

这是不是很神奇呢？是的，但是如果你愿意的话，你也可以做到。方法很简单，那就是记住一开始的时候，要不断地让对方说"是"，千万不要让他说"不"。

在跟人交谈的时候，不要一开始就谈论一些你们可能有分歧的事，你应该先强调你们都认同的事，并且需要不断地强调。然后，强调你们双方都在追求同一目标，试着让对方知道，即使你们有分歧，那也只是方法上的分歧，而不是目标上的。

让我们先来看一个例子。

纽约格林尼治储蓄所的出纳员詹姆斯·艾伯森是卡耐基训练班的学员，他曾经对这个策略深有感触。

"那天，"詹姆斯·艾伯森回忆说，"有个人走进来要开户，我让他先填写一些表格，其中有些问题他愿意回答，另外一些他根本不想回答。

如果在以前，遇到这种情况，我会告诉这位顾客，如果他不向我们提供这些资料，我们就会拒绝为他开户。那样的'警告'使我很愉快，因为这好像在说只有我说话才算数。但是，显而易见，这样的态度将使我们的顾客有不被重视的感觉。

"因为上了训练班的有关课程，我决定不跟他谈银行的规定，而是谈顾客的需要。所以，我同意了他的做法。我告诉他说，那些他拒绝填写的内容并不是绝对必要的。

"'但是，'我引导他说，'假如你去世了，你不希望把存在我们银行的钱转移给你的亲属吗？

"'当然。'他说。

"'难道你认为，'我继续说，'将你最亲近的亲属的一些资料告诉我们，使我们能够在你万一去世的时候准确无误地实现你的愿望，不是一个很好的办法吗？'

"'是的。'他又说。

"就这样，最后他终于相信我们要这些资料的目的是为了他，他的态度就转变了。他不仅把他自己的全部资料告诉了我，还根据我的建议，开了一个信托账户，指定他的母亲为受益人，并爽快地填写了关于他母亲的详细资料。"

詹姆斯·艾伯森发现，一旦让那个顾客开始就说"是"，顾客便忘了他们之间的争执，并且愿意做詹姆斯所建议的事。

如果让人一开始说"不"，会有什么后果呢？我们来看看阿弗斯特教授在他的《影响人类的行为》一书中所说的一段话：

"一个'不'的反应，是最难克服的障碍。人只要一说出'不'，他的自尊心就会促使他固执己见。当然，也许以后他会觉得'不'是不恰当的，然而一旦他考虑到宝贵的自尊，他就会坚持到底。所以，一开始就让人对你采取肯定的态度极为重要。"

他接着说，人的这种心理模式显而易见。当一个人说了"不"以后，如果他的内心也加以否定，他全身的各个组织都会协调起来，一起进入一种抗拒状态；而反过来，如果他说了"是"，情况就会恰好相反——他的身体就会随之处于前进、接受和开放的状态，这将有利于改变他的看法或意志，使谈话朝积极的方向发展。

如果一开始的时候就使一位学生、顾客或你的孩子、妻子说"不"，那么，即使你有神仙般的智慧和耐心，也无法使那种否定的态度变为肯定。

想得到对方的肯定其实并不难，人们只是忽略了如何去做。人们总是希望一开始对方就同意自己的看法，如果别人不同意的话，就急切地想驳倒对方，以获得对方的认同。他们或许认为这样做能够显示出自己的高明和突出。然而不幸的是，这种态度往往会适得其反。所以，最好的办法就是，一开始就让对方说"是"。

西屋公司的推销员雷蒙负责推销的区域内有一位富翁。雷蒙的前任和他花了13年的时间对这位富翁进行推销，但是直到最近，才使这位富翁答应购买了几部发动机。而当雷蒙再次去拜访他的时候，他却声称以后不会再订购西屋公司的发动机了，原因是他认为这些产品太热，不能把手放在上面。

雷蒙知道，如果与他争辩的话，无疑会是徒劳。于是雷蒙打算找出让对方说"是"的方法来。

雷蒙对那位富翁说："史密斯先生，我完全同意你的看法。如果我公司的发动机确实过热的话，你不应该再买。你花了钱，当然不希望买到热量超过标准的发动机，是不是？"

"是的。"史密斯说。

"你知道，"雷蒙接着说，"电工行会的规定是，一架标准的发动机的温度不能比室内温度高72华氏度，是这样吗？"

"是的。可是你的发动机却高出了这一温度。"史密斯说。

"你工厂的温度是多少？"雷蒙问他。

"75华氏度。"史密斯想了一会儿然后说。

"这就对了，"雷蒙笑着说，"75华氏度加上72华氏度等于147华氏度。如果你将手放在147华氏度的水里，你会不会被烫伤呢？"

史密斯不得不说："会的。"

"那么，"雷蒙继续说，"我建议你最好不要把手放在147华氏度的发动机上面。"

"我想你是对的。"史密斯说。接着他们又谈了一会儿，最后，史密斯答应在下个月订购西屋公司35000美元的产品。

雷蒙总结说："我最后才知道，争辩不是聪明的办法。我们要站在对方的立场上去看问题，要设法让对方说'是'，这才是真正的迈向成功的方法。"

让对方说"是"

□ 站在对方的立场上看问题，以对方的原则来说服他自己。

□ 从最基本的问题——一个能轻易地得到"是"回答的问题——问起，不要吝于做这样简单的事情。

□ 如果你问了一个对方可能回答"不"的问题，不妨巧妙地换一个问题。

□ 你需要抓住事情的关键，把你最基本的问题巧妙地引导到关键问题上去。

□ 你必须戒除"诡辩"的种种可能，要让对方心悦诚服，而不是感觉自己钻进了你的陷阱。

□ 必须了解对方最关心的、认为最重要的问题，让对方在这样的问题上回答"是"。

14. 牢记他人的名字

有钱人常常出钱资助那些穷困的作家、艺术家和音乐家。他们希望这些文艺家能够把作品献给他们，使他们的名字随着这些作品得以流传。在我们的图书馆和博物馆里，最有价值的艺术品往往由那些希望人们记住他们名字的有钱人捐赠。比如，纽约图书馆里有埃斯德家族与里洛克家族的藏书；大都会博物馆则保存着本杰明·埃特曼与 J.P. 摩根德的签名书信；而几乎每一个教堂里都镶嵌上了彩色玻璃，用来纪念那些捐赠者。

这说明人们总是非常重视自己的名字，并希望别人能够记住。如果想要给人好感，最简单、最明显而又最重要的方式，莫过于能够随口喊出对方的名字。因为这样，你就给了别人受重视的感觉——而据我所知，每个人都希望拥有这种感觉。这种方法可以说是屡试不爽。

在记住别人的名字方面，富兰克林·罗斯福总统是一个典范。众所周知，罗斯福总统是这个世界上最忙的人之一。但是他知道记住别人名字的重要性，所以舍得花时间去记住那些人。

一次，克莱斯勒公司特意为罗斯福总统制造了一辆汽车，总经理张伯伦和一位机械师将这辆汽车开到了白宫。在张伯伦的信里，他记述了当时的情形：

"我教罗斯福总统如何驾驶一辆配置了许多特殊部件的汽车，而罗斯福总统也教给了我许多为人处世的道理。

"总统非常高兴我被召入白宫，他立刻就叫出了我的名字，这使我非常高兴。令我印象尤为深刻的是，他确实很注意我为他所做的说明。这辆汽车进行了特殊设计，非常完美，可以完全用手进行操作。

"总统说：'这辆汽车真是太完美了。只要按下这个按钮就可以开动它，而且可以毫不费力地进行驾驶。我不知道它是怎么工作的。我希望自己能有时间对它进行研究，看看它是如何工作的。'

"当总统的许多朋友和同事都围在四周称赞这辆汽车时，他又当着大家的面对我说：'张伯伦先生，你设计这辆车花了大量的时间和精力，非常感谢你。这辆车简直太棒了！'

"然后，他又对车内的散热器、特制反光镜、时钟、特制的照明灯、椅垫的款式、驾驶座位、刻有他姓名缩写字母的特制衣箱等加以赞赏——他注意到了每个细节，对于我所付出的心血给予了极大的褒奖。他还特意让罗斯福夫人、秘书波金女士、劳工部长等人注意这些部件。他甚至嘱咐他的黑人司机，对他说：'乔治，你可要好好照顾这些衣箱。'

"上完驾驶课程之后，总统对我说：'好了，张伯伦先生，我已经让

联邦储备委员会的委员们等我 30 分钟了。我想我应该回去工作了。'

"我当时带了一位机械师。这位机械师是一个很害羞的人，在我们说话的时候，他总是站在后面。尽管他自始至终没有和总统说过一句话，而且总统也只听我介绍过一次他的名字，但出乎意料的是，当我们离开的时候，总统特意找到这位机械师，并与他握手，还叫出了他的名字，对他来到华盛顿表示感谢。我能感觉出来，他的感谢一点都不做作，而是真心诚意的。

"几天之后，我收到了一张罗斯福总统亲笔签名的照片，照片后面还附有简短的对我的帮助表示感谢的言辞。作为一位国家元首，罗斯福总统怎么会有时间来做这样的事情呢？这真的让我难以置信。"

罗斯福总统何以给张伯伦先生如此深刻而美好的印象呢？当然不是因为他是国家元首，而是因为他给了人一种被重视的感觉。为什么他能给人这种感觉？原因很简单：他非常尊重他们，并且记住了他们的名字。

作为一个政治家，记住选民的名字，往往是他的第一堂课；而如果忘记了他们的名字，你将会很失败。在每个人的事业和商业交往中，记住别人的名字也很重要。

德克萨斯州商业股份有限公司董事长班顿拉夫有这样的感触：公司越大，人们之间的关系就会越冷漠。他认为，记住别人的名字，是唯一能使公司氛围变得融洽的办法。

洛克帕罗是加利福尼亚州一家航空公司的服务员，她经常训练自己记住旅客的名字，并注意在服务时叫他们的名字。这使得旅客感到很亲切。有的旅客会当面表扬她，而有的则会写信到公司表扬她。有一封表扬信这样写道："我很久没有坐你们公司的飞机了。但是从现在开始，我决定以后只坐你们公司的飞机。你们亲切的服务让我觉得你们公司似乎是属于我个人的，这一点十分重要。"

大多数人常常不记得别人的名字，主要是因为他们没有注意到这件事情的重要性。现在，你既然已经知道记住别人的名字有多么重要，为什么还不花点时间和精力去做这件事情呢？

拿破仑三世曾经说："虽然我很忙，但是我不会忘记所听过的每个人的姓名。"

这不是因为他的记忆力很强，而是因为他的方法非常好。其实，他的方法十分简单。如果他没有听清楚对方的名字，他就会请求对方再说一遍；如果这个名字不常见的话，他会请求对方把这个名字拼写出来。而在谈话的过程中，他会将对方的名字反复记忆，并把它跟对方的长相、外表和其他特征结合起来。会见结束的时候，他通常会把那个名字写下来，然后盯着它看很久，直到确认自己已经牢牢地记住了它才肯罢休。这样一来，当然记得很牢了。

由此看来，记住别人的名字的确需要花一些工夫，但是这显然是值得的。爱默生说过："礼貌，是由小小的牺牲换来的。"如果你打算融入这个社会，成为交际场上成功的人，这点牺牲又算得了什么呢？

记住别人的名字

□ 首先，要明白记住别人的名字是一件十分重要的事情，这样你才会注意做这件事。

□ 叫出别人的名字，比你费九牛二虎之力去做其他事情更加有效，它是一件事半功倍的事情。

□ 要在你的谈话中直接称呼对方的名字，这样不但会使你对这个名字更加有印象，而且能够拉近你们的距离。

□ 你可以做一些"姓名簿"之类的小本子，以便你记住每个和你接触过的人的名字。

□ 如果你忘记了对方的名字，在下次见面之前，先通过一些途径打听到他或她的名字，并且把它记住。

第三章
日常说话的八个误区

我们的知识基本上都是以前——即使是一分钟以前——所积累的。直到我们说话的这一秒，除掉这些知识，可以说我们一无所知。正是积累使我们拥有如此丰富的知识、如此出色的思维能力以及判断力。

但是在积累的时候，我们也形成了许多错误的认识。我们对于说话的认识便是如此。不论演讲家和说话高手说过多少精彩的、对我们有极大作用的话，也不论我们从他们身上学到了多少关于说话的学问，都必须承认，我们同时也学到了——也许是误解的——许多错误的知识。这些说话的误区隐藏在我们的意识中，等到我们说话的时候，它们就会表现出来。

真正危险的就是这些东西，因为我们忽视了它们的存在，甚至，我们曾经把它们当作正确的知识来对待。这些说话的误区在我们日常说话的时候充当了杀手的角色，使我们失去了本应该取得的成功。更令人气恼的是，我们还不知道是这些导致了我们的失败。

克服这些日常说话中的误区，需要付出艰苦的努力——众所周知，这些思想或知识可能已经根深蒂固。但是，如果你不克服这些说话误区的话，你是很难成为一个说话高手的。

15. 沉默不见得永远是金

我们常常说："沉默是金。"大部分人都认为，有些事情只要你心里知道就行了，没有必要把它们说出来。说出来有什么好处呢？人们可能说你爱表现自己，没有谦虚、谨慎的优秀品德。

沉默是金吗？这个问题不好回答，因为说话是一门大学问——有时候你想说却不能说；有时候你想说却不该说；有时候你想说却不会说；有时候你想说却不用说；还有些时候，你需要说却不愿说。古代希腊有人把寓言比做怪物，它可以用美好的词语来赞美你，也可以用最恶毒的方式攻击你；它能把蚂蚁说成大象，也可以把大象说成蚂蚁。

当你和熟悉你的朋友在一起的时候，你可以选择不说话，那是因为，即使你不说话，对方也有可能知道你在想什么；但是如果你和不太熟悉你的人在一起的话，你不说出你的意见和观点，有谁知道你心里是怎么想的呢？

一个新员工陪同公司的一位经理去参加一次业务谈判。在谈判的过程中，这位新员工为了表示对经理的尊重，自始至终不发一言。谈判结束后，新员工马上就被辞退了。这位新员工可能到最后都不明白自己为什么会被辞退。

还有一个类似的例子，也是一个员工和他的上司一起去参加一次谈判。这位员工发现了一个很重要的问题，他不知道这个问题是上司还没来得及讲，还是上司觉得没有必要说出来。他很想问上司到底是怎么回事，因为这个问题可能会使公司损失上百万。最后，当他发现谈判可能快要结束的时候，他终于决定提醒上司。但是很遗憾，因为种种原因，直到上司和对方签订了合同，他还是没有把这个问题提出来。这次的"沉默"使公司损失了上百万。

沉默往往是那些自以为别人已经了解自己内心想法的人做的事情。他们以为，自己已经做了种种暗示，也看到了对方似乎明白他们的意思，因此不必把话说出来。但事实是，每个人最关心的都是自己，如果不是特别敏感或者对对方特别熟悉的人，别人不会对他人进行深入细致的观察，从而从他人的表情或别的细微动作中判断出他的心理。况且，即使他们猜到了，他们也会对此抱有疑问，因为他们的猜测并没有得到证实。

说话有那么麻烦吗？说话比其他事情更让人们犯难吗？

实际上，懂得说话是一个现代人必须要具备的本领。在今天这样的时代，探讨学问、接洽业务、传授技艺，还有交际应酬、传递信息等等都离不开说话。一个人如果会说话，不仅能把自己的意见完整地表达出来，还能在某种程度上直接体现自身的能力。而你如果不说话，会达到这样的效果吗？

沉默往往导致你没有办法得到这种认可，从而也阻止了你成功的步伐。有些人不喜欢说话，完全是出于自卑心理，或者因为某种原因而不屑开口说话。把话说出来是很重要的一步，无论你表达了什么样的观点。而与人的交流是人进步的阶梯，与其做"沉默的智者"，不如做"说话的矮子"——因为以后，你会变成一个会说话的智者的。

马雅可夫斯基说过："语言是人的力量的统帅。"语言表达在社会生活和人际交往中都有十分重要的地位。美国诗人佛罗斯特从说话的角度，把一般人分成两类：一类是满腹经纶却说不出话来的人，而另一类是胸无点墨却滔滔不绝的人。他的认识十分深刻，我们在生活中可以看到知识丰富却不善言辞的人，也经常有不学无术的人废话连篇。

可能还有另外一种情况，那就是你应该说"不"的时候却选择了沉默。玛丽和约翰以及他们的很多同事被邀请参加一个由著名演讲者参加的宴会。玛丽高高兴兴地参加了。在宴会上，公司的人一起买了许多食物，但是玛丽一点都不饿，她只吃了一个烤土豆，而别的同事一般都吃了好几道菜。葡萄酒和香槟可以随便喝，她也没有喝一口。宴会结束后，大家决定平摊费用。于是，玛丽为了一个烤土豆花了70美元。

第二天，玛丽抱怨这件事情太不公平了。但是她没有想这种不公平是谁造成的。是她的同事们吗？不是。真正的原因在于她自己附和了他们的决定，保持了沉默。

同样参加宴会的约翰，在面对这样的情况时，对同事们说：

"我不想跟大家平摊，因为我总共才喝了一杯饮料。我愿意为这杯饮料买单，即使稍微高一点也可以。我愿意付 20 美元。"

一开始，大家都觉得十分尴尬，因为这好像有点抠门。但是过了一会儿之后人们发现，对约翰来说，只有这样才是公平的。他并没有受到同事的指责。

你是不是也遇到过这样的情况呢？当你被邀请参加一个聚会，虽然你事先已经决定去图书馆，可还是不得不停止读书的计划，只因为你保持了沉默。而另外某天，同事让你第二天帮她买一张车票，因为她听说你住得离车站比较近——而实际情况并非如此——她以为你只要花几分钟就能买到，于是你答应了，但后来你发现必须为此请一天假。这样的时候，你为什么还要保持沉默呢？

所以，需要你讲话的时候，千万不要保持沉默。

不要一直沉默

□ 沉默并不能给你带来什么好的东西，它只会给你带来很多麻烦。

□ 如果你想表达不同的意见，不要因为顾及对方的面子而不说出来，否则对方会认为你同意他的观点。当然，你也需要委婉地表达出来。

□ 当你打算拒绝别人的时候，不要简单地说出"不"字，而要说"我希望这么做，但是……"等等之类委婉的词语。

□ 你需要开口讲话，只有这样你才有可能说得更好。

16. 随声附和最没特点

随声附和在多数情况下可以被看作是一种善意的成全。你有可能为了顾及对方的面子，有时候的确为了表示自己没有任何看法，从而显示出你没有独立的个人意识。在很多情况下，随声附和是一种没有独立思想的表达方式，它容易让人觉得你比较虚伪。

从不盲从的爱默生说："要想成为真正的'人'，必须是一个不盲从的人。你心灵的完整性是不容许被侵犯的……当你放弃自己的立场，而用别人的观点去看问题的时候，错误便产生了。"这段精彩的话，对那些企图通过遵从别人的观点而赢得人际交往成功的人而言，无疑是一个有力的回击。

一些涉世未深的人常常会害怕自己与众不同，因此，他们从穿着、行为、语言，甚至是思维方式上模仿别人，以便能够得到对方的认同。她们经常会说"别的女孩像我这么大，都已经开始谈恋爱了"，"玛丽的爸爸并不反对她搽口红"等等。

当我们处于一种陌生的环境，没有过往的经验为自己做参考的时候，最好的办法莫过于借鉴他人的标准——只有当自己的经验和知识足以指明方向的时候，才开始进行转变。我们应该相信，无论如何，时间和努力能够形成这样一种经验和能力，使自己拥有个人的判断能力。那时候，当你需要对他人的意见做出判断的时候，你就可以发表属于自己的观点。这将成为一件自然而然的事情。

很多时候，我们思考和判断的结果可能确实跟很多人一样，比如，我们会发现诚实是最好的行动指南。这不是因为人们这么说了，而是我们根据自己的观察、思考和判断得出了这个结论。我们的确认为犯罪是不应该的和理应受到惩罚的。这自然不能算做盲从和因袭，正好相反，这才是真正的独立人格和独立意识。幸运的是，正是因为我们大多数人都会相信诸如诚实这样的原则是很重要的和正确的，我们的社会才不至于失去正义和美。否则，我们的社会就要陷于一片混乱了。

但是，世事都不是绝对的。一些重要的基本原则，因为时代的变迁和地点的变化，都有可能发生具体的改变，甚至有可能发展到与原来意义截然相反的地步。比如，刑讯逼供在原来是人们所公认为合理的，但是现在也变成了可以质疑的制度。正是那些不因袭前世的改革推动了社会的进步，这才是文明进步的动力。

我们有时候随声附和他人的观点，可能并不是因为自己没有独立的思想，而是出于某种考虑。比如，我们都知道，反对别人的意见是一件不那么容易或者至少会给我们带来不愉快的事情，因此也就不那么急于反驳别人了。大部分人都宁愿对政府的政策保持赞同的态度——即使有不满意的地方——因为他们不愿意失去自己所拥有的那些东西；而反对政府的话，则可能会有某种危险存在。一般的人，容易摇摆在各种意见之间，因为我们可能这么认为：既然有那么多人同意，那么它想必是对的，而我所想的可能是错的。我们的信念可能就在这样的摇摆之间动摇、改变直至松垮。我们对自己的判断失去信心导致了这一点。但是，那些能够说出自己不同意见的人却大不一样。有一次，我参加了一个聚会，在场的人都赞成某一个观点，除了一位男士。他毫无顾忌地表示自己对此表示反对。后来有人非常尖锐地问他的观点是什么，他微笑着说："我本来不打算发表自己的意见，因为这是一个愉快的社交聚会。本来我希望你们不要问我。但是，既然如此，我还是把自己的观点表达出来吧！"于是他说了自己的看法，并且对之前的那个意见进行了批驳。可以想象，他立即遭到了许多人的诘难。但是，他却始终面带微笑，坚定不移地固守着自己的观点，毫不让步。虽然最后彼此都没有说服对方，但是他却赢得了大家的尊重，因为他有着自己独立的判断。

在这方面，爱默生所采取的立场让我一直十分敬重他。他认为，每个人对自己和社会都有一种责任，那就是好好地利用自己所具备的能力，以增进全人类的福祉。他在世的时候，那些反对奴隶制度的人都希望得到他的支持。虽然他也同情他们，希望他们的运动能够获得成功，但是他知道自己不是适合做这种事情的人——而众所周知的是，一个人只有做最适合自己的事情，才可能发挥最大的作用——所以，他拒绝了做这件事情，而选择了做其他的有利于人类福祉的工作。为此，他曾经遭到巨大的误解，但是他却毫不动摇。坚持不迁就他人的原则，或者坚持一种不被大多数人支持的观点，都不是容易的事情。这就是我尊重爱默生的原因。

我们的生活如今到处都充满了专家，我们已经开始对他们产生依赖，因此丧失了对自己的判断的信心，于是，我们对许多事情都不能提出自己的意见和看法。我们现在的教育，也是针对一种既定的性格模式来设计的，因此这样的教育模式不能培育出各种各样有用的人才。大部分人都是追随者，而不是领导者。在一般的公立学校，那些能够对子女的教育方式产生怀疑的父母实在是太少了，因为这项工作通常是由专家们来做的。那些父母是能够独立思考的人，并对自己的信念极有信心。他们不断地提出自己的观点，与那些专家辩论。一年之后，他们被选出来当社区教育委员会的委员。有数百名孩子因为他们而得到更多更好的教育。

澳大利亚驻美国大使波希·史班德爵士曾经发表过一次演讲，他说："生命对于我们的意义，是要我们把自己所具有的各种才能充分发挥出来。我们对国家、社会、家庭都有无可推卸的责任，这是我们来到世上的唯一理由，也使我们活得更加有意义。如果我们不去履行这些义务，我们的社会便不会有秩序，我们的天赋和独立性也不能够发挥——我们有权利也应有机会去培养自己的独特性，并借以追求自己、家人、朋友，甚至全人类的福祉。"

而爱德加·莫勒在《周末文艺评论》中的一段话也值得我们深思："虽然人类还无法达到天使的境界，但这也并不构成我们必须变成蚂蚁的理由。"

不要盲目附和他人

■ 真正的意见应该是自己深入思考后得出的，而不是某个人或某些人告诉我们的。

■ 如果你要发表一个意见——不论是赞同还是反对——你必须经过自己的思考、判断。

■ 维护自己的独立性，是人类的神圣需求。随波逐流虽可得到一种暂时的满足，但是却经常会干扰我们心灵的宁静。

■ 我们大部分人对与自己有关的大部分问题，比如生活、事业和家庭，都更加有发言权。在这些方面，我们才是真正的专家。

■ 如果对方说出了一个观点，你可以要求他或她拿出证据来。

17. 别板着面孔说话

虽然有些人在谈话的时候滔滔不绝，但是你很难看到他露出什么表情，好像他把自己的感受都隐藏了起来似的。看到这样说话的人，就好像看到一台喋喋不休的机器一样，让人感觉冷冰冰的。

我们在前面提到的宴会上的那位小姐就是典型的例子。她非常希望自己能够被大家所接受，于是打扮得珠光宝气、富贵典雅，但是她却忘记了自己脸上的表情，一直板着脸。她不知道，如果她热情大方一点的话，可能会产生她希望出现的结果。

我们在与别人谈话的时候，无论对方持什么意见，我们都不能板着面孔。这会让你看起来好像不尊重对方一样，从而招致对方的反感，你们的谈话效果一定不会很好。

与我们交往的无非就是两种人：一种是熟悉的人，另一种是陌生人。如果对方是熟悉你的人，那么，就算你板着脸说话，他可能也不会怪你——但是你也不能总是这样。可能你是这么想的：我已经对着那些陌生的人客气、微笑一整天了，而对熟悉的人则没有必要。其实，任何人都期望有一种被尊重的感觉。你板着面孔说话，那很大程度上代表你对谈话没有激情，别人会把它转移到自己身上，认为你是对跟你谈话的人没有激情。这样，会发生什么结果就显而易见了。

无疑，缩短人与人之间的距离、体现你的真诚的最好的面部表情就是微笑了。纽约一家大百货公司的经理告诉我，他宁愿雇一个有着可爱的微笑、小学未毕业的女职员，也不愿雇一个冷冰冰的哲学博士。我知道他的意思：对顾客而言，最重要的不是你究竟有多少学问，而是你对对方有多尊重。

脸是人体最具有表达力的部分。一个人的表情，往往比穿着还重要，你心里所想的东西基本上都能在不经意间通过它表达出来。你在看杂志的时候，可以注意一下在做某件事情的人，试着把他们的其他部分遮住，只剩下一张脸。你会发现，尽管你不能辨别他们在做什么，但是你能够知道他们现在的心情是怎样的。

你可以做一些实验。当你在和别人交谈的时候，试着用不同的表情：当你在与别人寒暄的时候，微笑着盯着他；当你在和好友说话的时候，茫然地望着他；面无表情地讲一个故事，或者兴高采烈地讲这个故事；笑容满面地告诉对方一个消息，然后试着用严肃的表情告诉他这个消息。对比之后，你会发现当你运用不同的表情的时候，对方有不同的反应。

表情的改变很难吗？不，一点都不难。当你讲话的时候，如果有人告诉你："你看起来很不开心。"这个时候你就需要改变一下自己的面部表情了，因为面部表情反映的常常是一个人的心态。你也许把讲话当成了一件你迫不得已才去做的事情，它在你眼里或许是一项枯燥无味的作业、家务杂事等。你首先需要改变这种心态，因为说话本身并没有那么无趣，它是你和对方就某种共同关心的东西进行的一次交流。

你也可以通过一面镜子进行练习。当你讲话的时候，你的表情会在镜子里展现出来，让你清楚地看到你是怎么样在进行演讲的。当然，你也可以通过他人的评价或反应来使你的表情更加丰富。

你的确需要丰富的表情来表达你的真诚、兴奋、热情，从而使你的说话更加生动和富有吸引力，让听众更加容易接受。林肯在演讲的时候，一会儿看起来非常愉快，一会儿看起来却好像十分悲伤——当然，这些表情跟主题都有很大关系——而听众也随着这样的表情变化而变化，被这种表情所感染。

你可以记住哈勃德的一些明智的建议，然后，把它付诸行动：

"每次外出的时候，正正容，抬起头，肺气饱满；在阳光之中吸饮；对朋友微笑；每次握手的时候，集中精神。不要怕被误会，不要浪费哪怕一分钟去想你的仇敌。要在你的心里确定你究竟喜欢什么，然后，不要改变方向，一直朝目的地行进，全神贯注于你喜欢做的伟大的事情上。在以后，尽管日月如流水，你还是会发现你在不知不觉中抓紧了满足你的欲望所必需的机会，就好像珊瑚虫由潮流中所需要的原质形成一样。在脑海中成为一个有能力、诚恳、有用的人，你所保持的思想时刻都在改变着你，使你

57

成为那种人——因为思想是极其重要的。保持一个正确的心态,那就是勇敢、诚实、欢悦的态度。

不要板着脸说话

■ 不要一直想象着对方欠了你很多钱,这个方法只是在需要鼓起你的勇气的时候才被用到。如果在别的地方也用,它只会给你带来很多麻烦,而不会有任何好处。

■ 如果你不想给人一种冷冰冰的机器人的感觉,那么,提起你的精神,不要被你的心理惰性所左右,告诉自己,你需要的是成功。

■ 板着脸会使原本漂亮、潇洒的你看起来不那么让人舒服。

■ 如果可能的话,尽量保持微笑,它在大部分情况下是很有用的。

18. 说话不能太直接

柯立芝总统执政的时候,我的一个朋友应邀到白宫做客。他听见柯立芝总统对女秘书说:"你今天穿的衣服很漂亮,你真是一位漂亮的女孩子。"平时沉默寡言的柯立芝总统,一生很少称赞别人,但是却对他的女秘书说出这样的话来,这使得那位女秘书听了之后,脸上顿时泛起一片红晕。柯立芝总统接着说:"别不好意思,我所说的话,都是发自内心的。不过,从现在起,我希望你注意文件上的标点符号,不要再出现类似的错误了。"

理发师在替人刮胡子时,通常会先敷上一层肥皂水,使顾客的脸不至于受伤。这跟柯立芝总统的方法有异曲同工之妙。柯立芝总统运用的方法,也是不直接说出对方的缺点,而是先赞美对方。在这样的情况下,我们提出的意见才不至于引起别人的反感,因此也更加容易达到让别人改正错误的目的。

　　一般情况下，我们一看到对方有什么问题，就直截了当地指出来。但是，在更多的时候，我们只有含蓄一点、委婉一点，才能达到自己的目的。另外有些时候，因为环境、气氛、心理等因素，有些东西不方便直接说出来，也必须要用比较委婉的语言来表达，即通常所说的"转着弯儿说"。只有这样，才不会给对方和自己带来不良的影响，从而不会破坏谈话的情绪，甚至阻碍谈话的进行。

　　委婉和含蓄往往是联系在一起的。它并不是含混其词，其结果也是说出了自己的观点，只是比较隐蔽而已。它是一种比直接说话更加富有智慧、更加具有魅力的表达技巧。其根本目的是通过另外一种更加合适的方式表达自己的观点，或者使别人被自己说服。培根说过："含蓄和得体比口若悬河更加难能可贵。"

　　确实，在某些场合，委婉、含蓄地说话比直接说出来效果要好得多。一次，年轻的莫泊桑向著名作家布耶和福楼拜请教诗歌创作。两位大师一边听莫泊桑的诗歌朗读，一边喝香槟酒。听完之后，布耶说："你这首诗，句子虽然有些小疙瘩，像块牛蹄筋，但是我读过更坏的诗。你这首诗就像这杯香槟酒一样，勉强还能吞下。"这个批评虽然很严厉，但是却因为比喻的运用而减少了它的分量，给了对方一些安慰。

　　有个人在禁止捕鱼的地方捕鱼，这时候，来了一个警察。捕鱼的人心想这下肯定糟了，不料，那位警察却出乎意料地用非常友好的口气对他说："先生，你在这里洗网，下游的河水岂不是要被你污染了吗？"这句话使捕鱼者十分感动，他立即诚恳地道歉，并且把渔网收了起来。而在此之前，他本来想跟警察讨论一下这里为什么要禁止捕鱼呢！

　　在一家高级餐馆里，一位顾客坐在桌旁，却把餐巾系在了脖子上。这种不文雅的行为很快引起了其他顾客的不满。餐厅经理叫来了一位服务生，对他说："你必须想办法使这位先生不再做这种不文雅的举动，你要让他知道，在我们这样的高级餐厅，这种行为是不被允许的。但是你必须尽量给他保留尊严。"这可是个十分棘手的问题。那个服务生想了想，然后走到那位顾客旁边，礼貌地对他说："先生，请问你是要理发呢，还是打算刮胡子？"刚说完，顾客就意识到了他的不文雅的行为，并且赶紧取下了餐巾。

这位服务生并没有直接指出那位顾客的不当行为，而是拐弯抹角地问了一件与餐馆毫不相干的事情。表面上看来，这位服务生好像是问错了，但正是这种问话，才起到了既顾及顾客的面子，又提醒了他的不当行为的作用。

一般的人对陌生人似乎很委婉，看起来的确很客气，但是他们认为对熟悉的人就不必如此了。这种想法当然是错误的。要知道，不论是陌生人还是熟悉的人——即使是你的亲人，他们都希望自己被别人尊重。他们与陌生人只有一个差别，那就是陌生人可能会暂时接受你的看法，但是却并不会在心底里赞同你。

本拉说服他儿子的做法，有值得我们借鉴的地方。

一天晚上，本拉的太太拿电话账单给他看："你看看，我们的儿子在我们去欧洲旅游的时候，打了多少长途电话。"接着她指着某一天的记录说，"仅这一天，就打了1小时40分钟！"

"什么？"本拉意识到这样的行为再发展下去，可能会耽误儿子的学习，于是就准备上楼去教训他。但是，本拉站起来又坐了下去，因为他想到自己现在正在气头上，还是不要说的好，而且他需要找点技巧去说服他已经16岁的儿子。

本拉忍到了吃午饭的时候。他在饭桌上装作毫不经意地说："约翰，暑假快结束了，你马上要回学校了，你抽时间查查看哪家电话公司打长途电话便宜。"然后他又来了个急转弯，"咳，你这学期应该挺忙的，也没多少时间打电话，我是多操心了。"

儿子马上领会了父亲的意思，他不好意思地说："是啊是啊，我因为要回学校，跟同学联络，上个月打了很多电话。以后不会这样了。"

就这样简单！本拉先生把省钱、少打长途电话、用功读书这些意思都表达清楚了，他换了一个方法，因此也没有产生什么不快。

听起来是不是很简单？确实是这样。但是你必须想到这么去做，才能做得很好。

说话不要太直接

◼　你没有必要因为想要别人赞同你而直接这么做，你可以换一种非常委婉的方式，这样的效果肯定会更好。

◼　直接说话并不是取得成功的最简便的途径，相反，它有可能是最繁复的途径，因为它可能完全达不到目的。而含蓄、委婉的说话却正好相反。

◼　你如果要说服对方，其前提首先是尊重对方。

◼　可能你为了保存自己的面子，却忽视了对方也要有这样的面子，因此，最好的办法莫过于既表达了你的观点，又没有伤害到对方。

19. 不懂装懂只能显得更无知

一般人会认为，如果在某件事情上承认自己的无知，就会被别人看不起，因此，他们极容易产生一种唯恐落后于他人的压迫感，从而拒绝承认自己无知。被好胜心驱使的人们因而就会对自己一知半解甚至一窍不通的东西装作很懂的样子，以此来保全自己的面子。

现实中，你经常能看到这样的人。他们会在一件小事情上大做文章，以此显示自己懂得很多大道理，好像什么都懂。别人一谈到某个问题，他们就立即想要发表自己的观点——不管他们有没有想过这个问题——以显示自己有多么高明。他们希望给人们这样一个印象：他们无所不知，而且对他们所知道的东西都达到了专家的水平。

你觉得这是可能的吗？当然是不可能的。在现代社会，信息量极大丰富，知识量爆炸性地增长，专业门类极多，而每个专业也都研究到了很深的地步。任何一个人，即使他是天才，也不可能对所有的东西都通晓。

关键问题还在于，那些不承认自己有所不懂的人，他们没有办法对某一件事情精通。我们可以设想：他们什么都想知道一点，而现在知识又这么多，他们怎么会有精力进行深入的研究呢？不过，可能他们本来就不打算精通某一个专业。他们的目的，只是为了表现自己而已。而实际上，这样的人才是真正一无所知的人。

而工作中那种不懂装懂的人喜欢说："这样的工作真无聊。"其实，他们内心的真正感觉是："我做不好任何工作。"他们希望年纪轻轻就功成名就，但是他们又不喜欢学习、求助或征询他人意见，因为这样会被人认为他们"不胜任"，所以他们只好装懂。而且，他们要求完美却又严重拖延，导致工作一点都不出色。

在现实生活中，我们喜欢与之交往的往往是那些看起来很平凡，但是当你跟他交谈之后，就会被他的内在思想所倾倒和折服的人。这种人的真诚、坦率感染了我们，他们所使用的词汇也简单明了，一点儿也不故作高深。朋友关系必须建立在真诚之上，而不是相互吹捧、大唱高调，否则对谁都没有益处。交朋友应该是相互间取长补短，别人的知识比自己丰富就要学习。即使是自己很专业的东西，也要以谦虚的态度来展现实力，这样自己才能赢得他人的尊重，才能说服他人。

有一位小杂志社的社长，不管在什么场合都喜欢装腔作势，并且他常常使用那种听起来很不舒服的音调来表明自己很高明。他经常在别人面前表现得无所不知，这种姿态也使许多人觉得他在做自我宣传。然而，不论他再怎么装，他还是得不到别人的认同。他所出版的杂志，销量也不好。

他的杂志总是被人们认为是现学现卖的东西，甚至十分肤浅。这是因为他喜欢对所有的事情都加以批判，并似乎以此为乐。当他一开口，旁边的人就会说："我的天啊！他又要开始说话了。"然后便万分痛苦地听他自我吹嘘。这种人本来就没有多少智慧，他越是显摆就越显示出自己的无知。

承认自己有不知道的东西，这并不丢人。倘若为了抬高身价而自我吹嘘，一旦被人们看穿，人们就会认为你是一个虚伪的人，甚至认为你一无所知。在人际交往中，一定要保持一个良好的心态，不要不懂装懂。

如果对方指出了你犯的一个错误，你千万不要下意识地为自己找借口。你不要想象自己是一个全能的人，因为那永远是不真实的。

几乎所有企业都希望招聘到具有诚实精神和美好品德的职员。因此，在接受面试时千万不要试图对"明察秋毫"的经理说谎。不少人在接受面试时，由于迫切希望得到眼前的这份工作，通常很容易犯下"不懂装懂"、

"故意隐瞒自己的缺点"或"夸大自身优点"的错误。如一些毕业生可能会在求职简历中描述自己的能力时夸夸其谈，或违背事实地强调自己在某项社会实践活动中处于"主导地位"。

汤姆到纽约一家公司的大卖场应聘一个管理职位，并按要求填了登记表。回家等通知期间，汤姆并未花力气了解这家公司。他自信满满，因为他形象、气质、学历俱佳。面试时，主考官问汤姆对公司了解多少，汤姆凭印象说这家公司是一家非常大的企业，还十分肯定地说公司注册资金为10亿元。事实上，该公司只是一家中型企业，注册资金也不是汤姆说的那个数字。最后，汤姆落聘了。主考官说，管理人员必须具有一定的原则性。汤姆的问题在于他不懂装懂，而且不够诚实，"这样的人很难坚持原则，如果在工作中也这样信口开河，说不定会闯出什么乱子"。

我们很容易知道，那些喜欢不懂装懂的人可以随时找出一个理由来为自己进行辩护——好像他们是不得不这样做似的。我们应该如何评价这样的做法呢？我们是否应该放弃自己应该有的诚实和虚心，而去获得这种暂时的利益呢？答案当然是否定的。

不要不懂装懂

■　如果你觉得自己不懂对方说的话，可以直率而坦诚地说出来，请求他进行解释。不然的话，你收获到的东西将几近于零。

■　如果对方谈论了一个你从来没有考虑过的问题，你可以告诉他直到目前为止，自己还没有进行过细致深入的思考，但是你可以请教他的意见。这个时候，你的主要任务是倾听。

■　不要认为承认自己对某个问题不懂就很没有面子。事实上，如果你装作自己很了解的话，当你暴露出自己的无知的时候，对方对你的印象一定极差，这样你会更加没有面子。

■　难道你不认为不懂装懂比坦率承认自己不懂更加耗费你的精力吗？你需要做多少伪装？难道你不认为这样会很累吗？

20. 喋喋不休不等于口才好

如果你口才好，便可以使人家喜欢你，可以结交好的朋友，可以开辟前程，使你获得满意的结果。假如你是一个律师，你的口才便会吸引一切准备诉讼的当事人；而如果你是一位店长，那么你的口才将帮助你吸引更多的顾客。有太多的人因为善于辞令而得到提拔，也有许多人因此而获得了荣誉和厚利。你一生的成败，有一大半是由于说话这种艺术的影响。

你或许承认这一点，但是你却并不一定知道什么才是好的口才。好的口才意味着能够对着墙壁一个人说上三个小时吗？意味着可以无视已经昏昏欲睡的听众，发表冗长的演讲吗？意味着可以就某一件小小的事情，比如系鞋带，翻来覆去地说上半个钟头吗？

你的这些错觉来源于现实。许多人就是能够做到这些的人，他们就可以不管对方的反应如何、不管话题多么无趣，而能够滔滔不绝、侃侃而谈。但是我们不得不遗憾地说，他们所掌握的并不是真正的好口才。他们所谓的口才大概相当于家庭主妇吃完晚饭后的闲聊，她们甚至可以扯上一天一夜，但是我们都知道，这并不是好的口才。

那么，究竟什么才是好的口才呢？如果非要给一个概念的话，可以认为是这样的：好的口才，就是在交谈、演讲或谈判等口语交际活动中，说话者根据一定的目的，根据具体的环境和对象，采取不同的说话艺术，准确、生动地表达自己的意思，并且达到交际目的的一种能力。

那么，我们可以回过头来评判为什么说喋喋不休不能称为好的口才了。喋喋不休实际是一种一直重复自己意思的说话，但是却并没有说清楚这个问题；或者他一开始已经说清楚了，只是为了强调，又一遍一遍地重复。而且，说话人根本不顾及对方有何反应，似乎他是对着墙壁在自言自语。这完全是一种下意识的行为。他的目的只在于"说话"本身，即维持说话这个动作，而口才好是因为有一个说话的目的，而不是为了说话而说话。

最近，我在朋友公司注意观察朋友的助理。工作的时候，她走进上司的办公室说：

"去年那次派对，我们的蜡烛没有用完，所以我把它们都带了回来，留在这里用。其实，这些蜡烛用了这么久，还是没有用完。因为剩了不少，我送了一半给市场营销部的安狄和流通部的耐洁尔。我是说这些剩下的蜡烛只用了一半而已，当然，也可能用了一半都不到。确实，我们今年用来配置到聚会上的预算不够，我是说，我本想让参加聚会的人带点水果回家的，可是因为预算不足，所以只好先不这样。我们的预算只够买些冰茶和饮用水。所以，我决定这次聚会上用上次派对没有用完的蜡烛，这样就可以省一些预算开支。你认为这样行吗？"

她的上司怎么可能听她这番长篇大论？我想，大多数人都做不到，他们只会对她的长谈充耳不闻。你应该留下那些重要的信息，去掉那些无关紧要的细枝末节。朋友的助理只说最后两句，就完全可以表达她的意思了。

当你在向别人推销商品的时候——考验你的口才的时候到了——你以为你一个人喋喋不休就能解决问题吗？

专门从事将新设计的草图卖给服装设计师和生产商工作的维森先生，最近遇到了一个麻烦。他想要推销商品的对象似乎是一个软硬不吃的服装设计师，名叫华尔。他之前从没有遇到过这么难缠的顾客，但是，为了证明自己的实力，而且这笔业务确实能够带来不菲的收入，维森先生决定不达目的决不善罢甘休。他一次又一次地出现在那位服装设计师面前，向他谈及这份草图的设计多么出色，而且款式新颖、典雅大方。他希望用自己的诚心来证明这份草图的设计确实是出色的，结果却收效甚微。一天，当他再次出现在华尔面前的时候，华尔终于忍不住说：

"亲爱的维森，我还是不能赞同你的观点，所以，我仍然决定不买你的草图。还有，恕我直言，我觉得你这种喋喋不休的推销方式实在是很失败，而且我一直以来就很反感。"

怎么办？放弃吗？维森告诉自己不能放弃。但是，这次打击未免太大了一些。因为他一直以来就是这么推销的，而且以前从未体验过这么大的失败——算起来他已经来过150次了。于是，他决定改变一下他的策略。

第二天，他夹着几张还没设计完的草图，对华尔说：

"华尔，我想请您帮个忙。我这里有几张草图，您能不能修改一下，以使它们符合要求？"

华尔狐疑地看了维森一眼，说："你放在这里吧，有时间我会看的。"

三天后，华尔打电话叫维森过去，他已经完成了修改。结果可以预料，通过这个方法，维森已经成功地使华尔购买了这些草图，因为这些东西里有华尔自己的心血。

我并不想说维森的方法有多么高超——尽管事实如此——我只想说，他以前推销的方法是错误的。我们从维森身上学到的经验是：喋喋不休确实不是好的方法。

不要喋喋不休

□ 如果你只是把你的观点强调一次或不多的几次而已，这是可以的。但是，你不应该一遍又一遍地对它进行强调。

□ 喋喋不休就好像年迈的人在自言自语，没有人能够听清楚他在讲什么，也没有多少人感兴趣。

□ 如果你真想让别人了解你的观点，你就要相信你的听众并不是傻子——即使是的话，你喋喋不休也没有什么用处。

□ 你幻想用喋喋不休这个方法来加深听众的印象吗？很遗憾，你只会得到相反的结果。因为你每重复一次，他就会对你所说的东西厌恶一次。

21. 无谓的争论只会大伤和气

有一次，我在某个电台发表了演讲，其中我讲到《小妇人》的作者路易莎·梅·奥尔科特曾经到新罕布什州的康柯特去凭吊过她的故居。我的粗枝大叶使我犯了一个错误，而且竟然犯了两次同样的错误。

这种错误使我受到了无数的攻击和诘难。听众们发过来无数的邮件，这些信函的内容多半是责怪我的，有的甚至是侮辱我的。其中让我印象最深刻的是一封名叫卡罗尼亚·达姆的听众的来信，她从小就生长在马萨诸塞州的康柯特。她来信向我表达了她极为愤怒的心情。我想即使我将奥尔科特说成是新几内亚的食人族，她的愤怒大概也只止于此。我认为，即使我在地理上确实犯了一个很大的错误，但是她在礼貌问题上也犯了一个更大的错误。

我应该这么告诉她吗？我的理智告诉我，这种做法会导致一场无谓的争论，而这样的争论会使我得不偿失，所以我决定试着把她的仇视当成友善。我乐意这么做。后来，我找时间给那位老太太打了一个电话，通话内容如下：

我：夫人，你在几个星期之前给我写了一封信，我要感谢你。

卡罗尼亚·达姆：请问你是谁？我很荣幸和你说话（她用的是清晰、文雅和有教养的声音）。

我：对你来说，我是一个陌生人。我是戴尔·卡耐基。几个星期以前，你听了我有关奥尔科特的演讲。那次演讲使我自己深为懊悔，因为我犯了一个很大的错误：我说奥尔科特生长在新罕布什州的康柯特。那实在是一个很不应该犯的错误，我为此向你道歉。你花时间给我写信，我很感谢你。

卡罗尼亚·达姆：很抱歉，卡耐基先生。我写那封信，发了很大的火，我得向你道歉。

我：哦，不，不！不是你，而应该是我向你道歉。任何上过学的人都不会犯我这样的错误。实际上，我已经在发表演讲的第二个星期日的广播里向听众道了歉。现在，我向你个人道歉。

卡罗尼亚·达姆：我出生在马萨诸塞州的康柯特。两个世纪以前直到现在，我的家庭在那里都很有声望，我为我的家乡而自豪。奥尔科特女士生在新罕布什州，这个说法让我难过极了。不过，我得为那封信向你道歉。

我：我敢说，我比你还要难过十倍。我的错误即使对马萨诸塞州没有任何损害，也深深地伤害了我自己。像你这样有地位、有教养的人，难得花工夫给无线电台的人写信。如果你以后发现我演讲中还有错误，我将非常感谢你给我指正。

卡罗尼亚·达姆：你知道吗？我真的很高兴你接受我的批评。你一定是个很好的人，我很愿意和你交朋友。

就这样，我不但轻易地避免了争论，还使她向我道了歉，并且同意了我的观点。这使我十分快乐。

有的人为了一件小事的对错而争论不休、面红耳赤，严重的甚至发展到打起架来。无谓的争论没有给双方带来好处，他们只是为了自己的自尊而争辩，互不服气，但是他们达到了自己的目的了吗？即使是表面上达到了维护自尊的目的，但他们难道一定要靠这种方式来赢得自尊吗？

事实上，这样的争论无益于任何事情。我们在前面已经讲过，大多数人都不会因为争论而改变自己的意见。如果你想要别人同意你的意见，首先要做的事情就是避免和他人争论。因为争论实际上是不成熟的表现，为了自尊，每个人都会变得不可理喻，甚至抛弃他平时的所有习惯和看法。

拿破仑的管家常常与拿破仑的妻子约瑟芬打台球。这位管家后来回忆道："我虽然在技术上胜过她，但是为了使她高兴，我必须想办法让她取胜。"从这个故事中，我们可以寻找到一个基本的道理，那就是：为了使别人同意你的观点，或至少不因为争吵而使你和他人的关系破裂，最基本的要求是不要跟他人争辩。我们要使我们的顾客、朋友在细小的讨论上看起来胜过我们。

那么，当我们确实有不同意见的时候，该怎么处理呢？在卡耐基训练班上，我绝对不会只是一个人讲。这样不但显得漫长，而且学员们也得不到提高。但是，当他们被我叫起来回答问题以后，如果我说："你错了。"这样多半会引起一番争论，而且我以后再也不会得到别人的参与。所以，我决定不这么做。我开始设想他们的回答中有合理的成分，于是试着去寻找这样的合理的东西。事实是，他们的回答确实有合理的地方。于是，当他们发表意见之后，我会对他们说：

"我了解你这么做一定是有原因的，但是我同样发现这样做有一些不合理的地方。让我们一起来看一看吧！"

这就是一种委婉的表达方法。这样做的话，既可以避免无谓争论的发生，又可以表达出自己不同的意见。

另一方面，由于人们有时候仅仅是为了顾及自尊而和别人争论，所以他们并不打算遵照自己的理性来思考问题，即使是一个明明知道自己错了的问题，他也可能会与别人争论不休。这种情况并不少见。也许你认为并非如此，至少这种事情没有发生在你的身上，这是因为你在看我的书的时候是心平气和的，而并非处于一种非理智的状态。因此，可以说，为了避免争论，我们最需要做的事情就是维持自己的理性。在你打算和别人争论之前，最好先想一想争辩是不是有用处——你会发现，争辩基本上没有作用。

让我们来看一个看起来有些极端的例子：

詹姆斯和约翰从前是一对关系不错的朋友，可是有一次，他们俩为某种名字像毒品的药物而争吵不休。詹姆斯认为，他从前看到过这种药物，它不但没有毒性，反而可以拿来医病；而约翰的意见刚好相反，他认为这种药物是有毒的。詹姆斯想起一个故事来，说有一天，乞丐露宿街头，无法抵御寒冷，就是靠吃这种药品而挺了过来。

约翰不同意詹姆斯的观点，他认为詹姆斯说的是道听途说的事情，并没有确切的根据。他们俩吵得越来越激烈。后来，詹姆斯说：

"如果你坚决不信，我们可以当场来试试，你看看我吃了这种药物后会不会死。"于是，詹姆斯为了维护自己的自尊，不顾约翰的苦苦相劝，吞下了许多这种药品，结果一命呜呼了。

约翰十分懊悔，他认为自己对詹姆斯的死负有责任，于是精神恍惚，胡思乱想，最后终于疯了。

你也许会说，詹姆斯确实够傻的，他怎么能拿自己的生命来打赌呢？而且约翰做得也确实不对，他为什么就不能让一步呢？但实际上，我们经常在做这种傻事，只不过后果没有这么严重罢了。

因此，不管在什么情况下，你都没有必要和他人争论，因为这样做不但不能使你们分出谁正确，而且会深深地伤害你们之间的和气——和气可是我们在交往过程中最需要的。

不要作无谓的争论

■ 试着站在对方的立场去思考问题，这样将使你同情和理解对方。

■ 争论可能会造就一个以气势、说话技巧取胜的人，但是他却不可能赢得对方的友谊和理解。

■ 争论不会有益于你的自尊，相反，对你来说，它会有更多的害处。

■ 在你开口争论之前，不妨冷静地想一想，这样做究竟会给你带来什么。

中篇
如何实现高效沟通

　　永远不要和他人争论，因为在很多情况下，争论不能使一个人改变自己的观点和看法。要尽量让对方多说话，请记住：倾听是最好的恭维。

第四章
高效沟通的策略和技巧

这一章中我们来讨论关于沟通的话题。首先摆在我们面前的问题是：谁需要学会沟通？在这个高速发展、人和人联系越来越紧密的时代，对这个问题最好的回答是："有谁不需要学会沟通？"

的确，现代社会已经把每个人都融入与他人的关系中去了，人人都需要与他人沟通。如果你想要别人了解你的想法或者你想要了解别人的想法，如果你想要别人愉快地跟你交谈，如果你想要说服别人，如果你想要赢得与别人合作的机会，你只有学会如何和他人沟通。

说话中的听和说是最直接和最有效的沟通方式，但是沟通方式并不仅仅包括听和说。当然，只有综合运用这些方式，才能实现有效的、高效的沟通。

22. 从双方投机的话题谈起

我每年夏天都要去缅因州的河里钓鱼。我个人很喜欢吃奶油和草莓，但是我并不因此而把奶油和草莓当作钓鱼的诱饵，而是用鱼儿喜欢吃的虫子和蚱蜢。道理显而易见：鱼儿跟我并不一样，它们不喜欢奶油和草莓。

聪明的人往往也用这个方法来处理问题。有一天，爱默生和他的儿子想把一头小牛弄进牛棚。爱默生用力拉，儿子用力推，但是小牛就是不肯进去，因为它更加喜欢牛棚外面鲜美的草。一位爱尔兰农妇见到这种情形，就把自己富有母性的指头伸进小牛的嘴里，让它感觉到自己在吮吸母牛的乳头。于是，它一面吮吸，一面跟着农妇进了牛棚。

这位农妇不会像爱默生那样写散文，但是她却更加懂得小牛需要什么，因而能够轻易地解决这个难题。第一次世界大战期间，英国首相劳埃德·乔治也用了这种方法来处理人际关系。那时候，一些战时的要人，像威尔逊、奥兰多、克里孟梭等都已经在人们的心目中褪色了，唯有乔治还能够占据重要的领导地位。乔治说，如果一定要用一个原因来解释的话，那就是他每次在钓鱼之前，都是首先问鱼儿喜欢吃什么。

不错，每个人都有自己的需要。你认为这很幼稚、很荒唐吗？事实上，除了你自己，你不会对任何人、任何事感兴趣。因此，总是和对方谈论你想要的东西，或自己感兴趣的事情，这是极不明智的。你感兴趣的是你自己的需要，但是如果你想赢得他人的欢心、改善与他人的关系，你就首先要问对方需要什么，看看对方对什么感兴趣。

当然，从对方感兴趣的话题入手，还有一个问题需要解决，那就是，如果你自己对这个问题不感兴趣或者不同意对方的意见怎么办？要知道那样会很容易引起争执。所以，我们在一开始谈话的时候，不但要注意选择的这个话题应是两个人都感兴趣的，而且是双方持有相同意见的。即使你对这个话题并不感兴趣，也至少应该表现出你很感兴趣的样子；假如你对这个问题有不同的看法，你也需要把它藏在心里，不要把它说出来。

从双方投机的话题谈起，这样做会有很好的效果。耶鲁大学已经过世的教授菲尔普在小时候就曾经有过这样的经历：8岁时候的一天，他到他的姑妈家串门。晚上，一位中年人也到姑妈家来做客。打完招呼之后，那位先生立即把注意力集中到了他身上。那时候，菲尔普对帆船十分感兴趣，而那位中年人恰好也跟菲尔普有相同的爱好，并且跟他一样，也认为西班牙的帆船是全世界最好的帆船。于是，两个人非常高兴地谈论了许多关于帆船的知识。客人走后，菲尔普依旧十分激动，他兴奋地对姑妈说："这个人真有趣，居然对帆船有这么大的兴趣。"

但是姑妈说的话却让他大吃一惊。姑妈告诉菲尔普，其实那位客人是个律师，而且他本来对帆船毫无兴趣。

"那么，"菲尔普不解地问道，"他为什么跟我谈了这么多关于帆船的话呢？"

"他是一位绅士，"姑妈说，"是一个很有修养的人。他知道谈论让对方感兴趣的事情并且跟对方取得一致的意见，能够使对方感到愉悦，也能够使自己受到欢迎。"

由此可见，即使你是装着对某一个话题很感兴趣，并且跟对方是一样的意见，这对你的社交也是有很大的帮助的，更不用说你真的如此了。

杜甫洛是一个面包公司的老板，他一直在想办法将自己公司的面包卖给一家大酒店，因为这家酒店不但需求量很大，而且在业内很有影响，可以为他们树立一个很好的口碑。4 年以来，公司的销售代表差不多每个星期都去拜访一次那家酒店的总经理，而且租用酒店的房间，但是这些措施都失败了。杜甫洛决定改变一下策略。

他搜集到了这家酒店总经理的许多资料，他惊奇地发现这位总经理原来是美国酒店业协会的会员，而且因为热衷于该协会的活动，成为该协会的会长。而杜甫洛本来就对酒店业有着十分浓厚的兴趣，并且一度想要加入酒店业协会。

这一次，杜甫洛亲自拜访酒店总经理的时候，就以酒店业协会为话题开始了他们的谈话。果然，这位总经理对这个话题十分感兴趣，兴致盎然地跟杜甫洛谈了半个小时。这场谈话无疑使总经理非常高兴。在杜甫洛离开的时候，总经理邀请他加入酒店业协会，杜甫洛则愉快地接受了他的邀请。

在谈话中，杜甫洛并没有向他提起关于面包的事情。但是，几天之后，酒店的一位分部经理打来电话，要杜甫洛把面包的样品和价格表拿到酒店去。

"我不知道你们对总经理用了什么高招儿，"那位经理说，"不过，你们确实已经成功了。"

在一开始的时候，从双方投机的话题谈起，不仅能够打开话题，而且会使对方消除紧张和戒备心理。如果你能够和对方取得一致的意见，对方就会慢慢地接受你，进而接纳你的意见，增进和你的亲密关系。而如果你选取的只是你自己感兴趣的事情，或者是一个有可能存在较大分歧的话题，那么，你们的谈话就会变得十分糟糕。

谈论双方投机的话题

■ 双方投机的话题意味着不仅双方感兴趣，而且至少表面上意见一致。你不能选择只是自己感兴趣的话题，也不要选择让你们产生分歧的话题。

■ 在你面对对你来说十分重要的对象时，你需要提前了解他对什么感兴趣、有什么意见；而如果你没有时间这么做，你可以用试探性的话引导他自己说出来。

■ 不要使对方一开始就和你意见不一致。心理学家告诉我们，这会给你的谈话带来十分不利的影响。

23. 善于倾听别人说话

我们每个人都最关心自己，这是人的本性。我们都非常喜欢讲述自己的故事，也喜欢听到与自己有关的东西。在这种心理影响之下，我们总喜欢独自滔滔不绝，完全不顾对方的感受；或者当别人说话的时候心不在焉，根本不去关心对方讲的是什么。即使是看起来沉默寡言的人，他们也很喜欢谈论自己。这种做法是跟别人交谈时最大的忌讳。如果你想要成为一个受欢迎的人，那么就要学会倾听，要鼓励别人多谈自己；当别人要告诉你一些东西的时候，要认真地倾听。这样，他会认为你是一个明智、领悟力强，并且很有同情心的人。

一次，我参加了一个纽约出版商组织的宴会。在宴会上，我碰到了一位很著名的自然科学家。以前，我从未和这类科学家谈过话，但是跟他谈话之后，我觉得他所说的话颇有吸引力。他和我讲了大麻、布置室内花园和关于马铃薯的一些我以前从未听过的、令人难以置信的知识。当我提到我有个室内花园时，他马上告诉我应该怎样解决室内花园里经常遇到的一些问题。

这次宴会上,我因为一直在倾听这位自然科学家的话,因此忽略了其他的客人。难以置信的是,我们谈了几个小时。在宴会结束的时候,那位科学家语气坚定地对主人说:"卡耐基先生真是一位出色的演说家,他是我见过的最有魅力的一位。"

事实上,那个晚上,我自始至终都没有说几句话,而是大部分时间在听他说话。所以他对主人说的那句话让我百思不得其解。最后我得出一个结论:倾听是适合任何人的、最好的恭维和尊重。

在古老的东方,充满智慧的中国人用下面这个故事告诉了我们倾听的价值:

一个小国给中国的皇帝供奉了三个一模一样的金人,皇帝非常高兴。但是使者也给皇帝和大臣们出了一道难题,那就是:判断出这三个金人哪个最有价值。这让皇帝和大臣们十分为难。他们想了很多办法,请来珠宝匠称重量、看作工,用尽了各种办法,但是却发现三个金人是一模一样的。

皇帝和大臣们束手无策,于是把这个难题公布到全国各地。皇帝答应,答出来的人将得到重赏。终于,有一位隐居的智者说,如果能让他见到三个金人的话,他就有办法解决这个难题。

皇帝将信将疑地把智者和使者请到宫殿。智者仔细地看了看三个金人,发现每个金人的耳朵里都有一个小孔。于是他拿出三根纤细的铜丝,从金人的耳朵里穿了进去。

结果,插入第一个金人耳朵的铜丝从另外一个耳朵出来了;插入第二个金人耳朵的铜丝从它的嘴巴出来了;只有插入第三个金人耳朵的铜丝掉进了肚子里。于是,智者告诉皇帝说:"第三个金人最有价值。"那位使者连连点头称是。

这则故事告诉我们,最有价值的人,既不是听到什么就左耳朵进右耳朵出的人,也不是听到什么就从嘴巴里说出来的人,而是那个把话放在自己心里的人。心理学家也告诉我们,倾听的价值就是了解对方的心理,使人和人之间形成一种良好的互动关系。有人说:"上帝给了我们一个嘴巴,却给了我们两个耳朵,那就是用来听别人说话的。"这种说法虽然过于夸张,但是的确很有道理。

多年前，从荷兰来到美国的巴克一家非常贫穷。在 13 岁的时候，巴克就不得不离开学校去当童工。他的工作十分繁重，工作时间很长，并且每周只能得到 6.5 美元。但是巴克从未放弃学习，而是用省吃俭用节省下来的钱买了一本《美国名人传全书》。他抓紧时间读完这本书后，写信给这本书上的名人，请他们说说童年生活中的一些事情。

14 岁的巴克是一个善于倾听的人。他鼓励名人讲述自己的童年，并把它们记了下来。他请过爱默生讲述自己的童年；格雷将军给了巴克一张地图，并且邀请他一起吃饭，和他谈了一整夜；他还询问过当时正在参选总统的加菲大将，问他是否在运河上做过童工。他把这些资料整理起来，并且成为这些名人的座上宾客。同时，他吸取了这些名人成功的经验，最后终于也走向了成功。

面对那些激烈的批评者，我们最需要做的就是忍耐和沉默——这并不是一件容易做到的事情，但这也正是成功者和失败者的区别。

纽约电话公司最近遇到了一个麻烦，一位顾客毫无理智地大骂公司的接线员，并且拒绝缴纳电话费。他向媒体写信，恶毒地攻击电话公司，最后还向公众服务会投诉。电话公司不想惹这样的麻烦，于是派了一个说客拜访这位顾客。那位说客后来对我说：

"我第一次去的时候，那位老先生说了 3 个小时。以后每次去，我都只带耳朵不带嘴巴。我先后去了 4 次。第 4 次去的时候，我圆满地解决了这个问题。他向我们道了歉，答应撤销诉讼，并且缴纳了电话费。"

这说明了什么？那位顾客可能并非真的愿意跟电话公司作对，而是想要得到一种被尊重的感觉。当那位高明的说客满足了他这个要求后，他就立刻不再为难公司了。

享有"世界第一保险推销员"美誉的哈默里，是做保险生意获得成功的第一人。他成功的秘诀就是真诚地倾听客户的谈话。一般情况下，他同客户谈话的时候，往往主要是做一个善于倾听的人；而当客户沉默寡言的时候，他就会想办法提出各种各样的问题，鼓励对方说话。哈默里就是用这样的方法，使自己在一年之内做成了几千万美元的保险业务。

摄影记者伊斯阿克·麦克逊采访过世界各地的许多名人，他成功的方法也是善于倾听。他说："人们之所以不能给别人留下很好的印象，就是因为不善于倾听。我们只关心自己要说些什么，而从来不会等对方把话讲完。许多名人都曾告诉我，他们喜欢的是那些善于倾听别人说话的人。倾听别人谈话的习惯，跟优秀的品格一样重要。"

你在认真倾听的时候，最好能让对方知道这一点。这不但能够鼓励对方继续说下去，而且也能够使自己更容易集中精力。你可以通过以下这些方法来做到这一点：

进行目光交流

在倾听别人说话的时候，你的眼睛最好能够注视他。无论你的地位和身份如何，你都必须这么做，因为只有那些傲慢、轻浮、缺乏勇气的人才不去正视别人。

用语言配合对方

你可以简单地说"是"、"太好了"、"真的吗"这样的表示你的态度的话，你也可以问一些问题，以鼓励对方继续往下说。这些都表明你对对方的谈话很用心。但是，千万不要把别人说话的机会抢过来，除非对方已经说完了。

不要随便纠正别人的错误，因为你不能保证对方说的一定是错的；即使他错了，你的纠正也可能会使他难堪，从而失去谈话的兴致。如果过激的话，你们还可能会争执起来。这样的话，谈话就更没有办法继续下去了。

用肢体语言示意

在和对方说话的过程中，不要让对方以为你已经睡着了。微微地点一下头，或者欠一下身子，好像你要更加仔细地听他说话一样。但是千万不要动作过大，这会使对方认为你在故意捣乱，或者至少分散了对方的注意力。

重复重点词句

比如，对方在说"尼亚加拉瓜大瀑布很美"的时候，你可以说"确实很美"之类的话。这样，不仅让对方知道你在听，而且也说明你知道他要表达的是什么意思。

对要点进行解释

很多说话者担心对方没有听懂他的意思。因此，你要对要点进行适当的解释，借此来说明说话者已经把话说得很清楚，你已经明白他说话的意思了。

善于倾听

◻ 不要认为倾听别人的谈话是一件很无聊的事情。事实上，正是因为倾听，我们才得以了解别人的想法，才能学到别人的经验和知识，使自己得以进步。这不是一件两全其美的事情吗？

◻ 如果你需要向对方提出不同的意见，最好是等对方说完之后用恰当的方法说出来。不要在他谈意正浓的时候打断他。

◻ 如果你想要别人讨厌你，最简单的方法就是永远不倾听别人说话，一见面就滔滔不绝地谈论自己；当对方说话的时候，立即打断他，改由自己来演说。

◻ 关心自己确实是人的天性，但是同时我们也应该关心别人。哥伦比亚大学的彼得博士说："只为自己着想的人，是不可救药的教育缺乏者。"

◻ 倾听是最好的恭维——记住这句话将使你受到人们的欢迎。

24. 关注肢体语言

在你说话的时候，你的形体应该有也一定会有活动和变化，构成不同的姿态和动作，从而表示不同的含义。

你的姿态和动作就是感情的语言，正如我们在前面说过的那样，这些肢体语言有着十分重要的作用。

当你面对听众的时候，挺直腰部反映出你情绪高昂、充满自信；凸出腹部，表示自己感到满足；在说话之前解开上衣，如果不是因为天气太热的话，那么就表示你镇定自若；耸肩，配合摇头和双手动作，则表示你很疑惑。就头部动作而言，抬头表示你在遐想，当然，也可以说明你很傲慢；点头表示欣喜、同意、致意等；摇头表示否定；侧头表示疑问……

早在两千年前就有一位古罗马的政治家说过："一切心理活动都随着手脚等动作的变化而改变。人的面部表情尤其丰富。手势恰如人体的一种语言，这种语言连最野蛮的人都能理解。"一个没有学过英语的中国人到了美国后，与一群聋哑儿童不期而遇，居然能用手语跟他们交流。这个中国人事后说："用手势跟他们交流，比专门去学英语方便、简单得多！"而罗斯福在演讲的时候，他的身体就好像变成了一架表现感情的机器。

表情

当你和一个陌生人见面的时候，对方伸出他的手来和你握手，在这一瞬间你感觉到的是他的整体形象。你可以看到他潇洒的气度、高雅的气质、得体的打扮等。之后，你会自觉或者不自觉地把你所有的注意力都放在他脸上，这并不是因为对方的脸特别吸引你，而是因为面部表情是一个人的感情的晴雨表，你可以从他的脸上读出他的各种心理活动。

如果你想和对方建立一种深入的关系，在你们的谈话中，你必须掌握他的脸上所表现出来的情绪。

下面举出一些常见的面部表情所表示的情绪：

眉毛上抛、嘴角向下、口张开、瞳孔放大，表示的是有兴趣、快乐、高兴、幸福等积极的表情；

视角斜下、眉毛放平或者抬起面颊，表示蔑视、嘲笑的表情；

皱眉、眯眼、张嘴、嘴角下拉，表示痛苦等表情；

眼睛睁大、眉毛倒竖、嘴巴拉开等，表示发怒、生气的表情；

眉毛高扬、眼睛和口张开、吐气等，表示惊愕和恐惧的表情。

我们在前面已经说过，微笑是最常用到的一种面部表情。我们通常在表示下列情绪的时候，用到微笑这种表情：

赞美或歌颂对方时；

鼓励对方时；

肯定或否定对方时；

其他与微笑不相冲突的时候（也就是说，应该常常使你的脸上带着笑容，除了那些不该笑的时候）。

首语

首语就是用头部的活动来向对方传递信息，最常见的就是点头、摇头、侧头、昂头以及低头。

点头主要表示同意、致意、承认、感谢、应允等意思；摇头则正好相反，它主要表示的是否定的意思；侧头可表示天真、思考等信息；昂头表示充满信心、胜利在握等意思；低头则表示顺从、委屈等意思，有时也可以理解为另有想法。

眼神

心理学研究表明，人们在接受信息的过程中，眼睛所吸收的信息量大约占总信息量的80%。眼神能够把人们的心理状态、思想情绪、品德、学识和兴趣在一定程度上表现出来。人们内心的所有活动，都会自觉或者不自觉地通过眼神流露出来，这双小小的眼睛凝聚着一个人的气质、神韵。诺贝尔文学奖获得者、印度诗人泰戈尔说："一旦学会了眼睛的语言，表情的变化就将是无穷无尽的。"

在你与他人的交谈中，眼神的运用是最丰富多彩的。一个很会说话的人，不但会熟练地运用眼神来表达自己的各种情绪，而且能够轻易地读懂各种目光的含义。正视表示尊重，斜视表示蔑视，仰视表示思索，俯视则表示羞涩；不住地打量表示挑衅，低眉偷觑表示困窘；愤怒的时候横眉怒目，顺从的时候则低眉顺眼。如果你眼睛虚盯前方，旁若无人，那么你好像在说："我是一个了不起的人"；如果你左顾右盼，则说明你心怀鬼胎。

一般来说，敬仰你的人，目光会仰视你；喜欢你的人，目光会流露出热烈的光彩；傲慢而不可一世的人，目光则是轻视的感觉；而讨厌你的人，目光会无意识地乱转，甚至看起来很疲倦。

手势

说话的时候，合适的手势往往能够带来很好的效果。之前我们已经讲过了手势的重要性，现在我着重讲如何运用手势。

指示手势。你可能要为听众指出一些人、物或方向来，这个时候你需要用指示类的手势。比如，你指着某个人、物或方向，并且说"你"、"我"、"这边"。这类手势是实际应用的，跟表达情感没有多少关系。

模拟手势。如果你没有带某个东西，但是却想告诉听众这是个什么东西，这时候你需要用手势比画，把它的大致形状描绘出来。一个人讲述自己在身患重病的时候没有钱去治疗，但是却收到了很多的汇单、物品。一个当时只有四五岁的小女孩，送给他一个很大的苹果，使他十分感动。这个人在演讲的时候，用手势比画出那个苹果的形状和大小，这种手势语的运用也能起到很好的作用。

抒情手势。这是一种抽象感很强的手势，我们在前面也已经详细地讨论过。比如，我们兴奋时拍手、恼怒时挥舞拳头等。

习惯手势。任何人都有一种自己特有的手势，这种手势的含义不一定明确，它随着说话内容的变化而改变。

需要强调的是，手势贵在自然、协调、有力，切忌做作、脱节和泛滥。

动作

有一次，小丑浦洛莱斯说了一大通笑话，却没有使客人们露出笑容。于是，浦洛莱斯一头栽倒在床上，并且放声大哭起来。客人们很奇怪，问他为什么。只见浦洛莱斯一边拼命地擤鼻涕，一边痛苦地说："人们都不会笑了。我完蛋了。因为到目前为止，人们请我吃饭、给我钱，就是因为我可以逗他们笑。以后，谁还会请我吃饭呢？我马上就要饿死了。浦洛莱斯就要死了，因为笑已经死了。"

这时候客人们大笑了起来。小丑使出了绝招，赢得了最后的胜利。本来，看他表演的人们以为已经结束了，但是后来却发现表演实际上还在进行。

这种比较夸张的形体动作不但在想要引人发笑时可以运用，在别的时候也可以用。它跟手势不同，需要整个身体都做出较大的动作。

注意肢体语言

■ 在你说话的时候，注意运用你的肢体语言——实际上，在一般情况下，你会很自觉地使用肢体语言的。有时候，肢体语言传达的信息比口头语言还多。

  ■ 同一类型的肢体语言不可使用得过多，这会带来不利的影响。

  ■ 使用肢体语言应该以自然为前提，不要做作，这样才能起作用。

25. 按六个步骤表达意思

我们在表达我们的意思的时候，要注意按照一定的步骤。这样做不仅能够使你有话可说和把话说清楚，而且能够使对方对你的话印象深刻。

大致而言，我们在表达意思的时候，需要按照这六个步骤去进行：

告诉对方你要说的是什么

在结束适当的开场白之后，开门见山地把你要表达的意思说出来。我们所处的时代是一个快节奏的时代。因此，说话的人切不可沉溺于那种冗长、闲散的绪论之中。现在的人们都很忙碌，他们希望说话的人能够以非常直白的语言、一针见血地指出他想要表达的意思，而不是以他的主题来设置悬念。他们希望不必拐弯抹角地得到某种知识，并且已经习惯于那种消化过的新闻报道。他们希望听到的话像麦迪逊大街上的那些广告一样——借助了招牌、电视、杂志和报纸，通过一些简洁有力的词语，把发布的信息告诉人们。他们没有耐心等你结束全部讲话后，再去猜测你要讲的究竟是什么。因此，你只有在一开始的时候就告诉对方你要讲的是什么，这样才能强调你所要表达的意思。

有些说话人喜欢在一开始用那种陈词滥调来引起对方的注意，这类话听起来让人生厌。比如，你应该直接告诉对方，在寒冬时开车需要更加小心。

对你的意思进行解释

当你说出了你想要表达的意思的时候，你需要对其进行适当的解释和说明。你可以进行纯粹的理论上的说明，但更好的办法则是运用实例去说明。这一步骤是对前一步骤的深化、详述和说明，因为仅仅一句话是不能让对方明白你的意思的，而必须加以说明。

我通常习惯于一开始就把自己要讲的主题用实例的形式告诉对方，通过这个例子，我可以生动而具体地说明我想要向对方传达的意思。当然，如果你们打算学习的话，需要注意的是，所举的例子必须是能够说明这个问题的。如果不合适的话，是会误导对方的。

如果你想要告诉人们的是一个事件，你必须告诉他们人物、时间、地点等要素，而且还应该告诉他们这一事件发生的过程；而如果是一个意见的话，你也要向他们深入地说明你的观点。如果你想要表达"在寒冬时开车需要更加小心"这个意思的时候，你应该解释说："我想要说的是，寒冬是我们开车时最需要注意的季节，如果稍不注意的话，我们的生命就会有危险。"当然，如果你的意思一目了然的话，也可以省去这一步骤。

为什么这么说

这个步骤对你来说十分重要，甚至可以说是最重要的，因为每个人都可以有他自己的观点，重要的是你如何去说明、论证这个观点。如果说"是什么"是你的观点的话，那么"为什么"就是它的原因。

卡耐基训练班的某位学员就"在寒冬时开车需要更加小心"这个主题，在进行了许多说明后，又举了下面这个例子：

"1949年冬天的某个早上，我带着我的妻子和两个孩子在印第安纳州沿着41号公路开车北上。那时候，车子在镜片一样的冰上缓慢地行驶，我小心翼翼地把着方向盘，因为一点小问题就会使整部车子失去控制。

"我们的车子在冰上开了好几个钟头之后，来到了一条较宽阔的马路上。这时候，路上的冰已经被太阳晒得融化了。因为要赶时间，我踩了变速器。其余的车子都跟我一样纷纷加速，似乎每个人都急着赶往芝加哥。孩子们则高兴地在车子的后座唱起歌来。

"忽然，马路的上坡处深入一片林地。车子爬上坡之后，下坡的地方由于被林地的树木挡住了阳光，那里的冰还没有融化。我意识到危险来临了，想减速，但是却已经来不及了。我前面的两部汽车急速地往下冲，我的车子也一样。汽车滑过路肩，停在了一处雪堤之上。幸运的是，车子并没有翻。但是紧跟着我们滑行而下的车子却正撞在了我的车子侧面，我的车门被撞坏了，并且车窗玻璃也纷纷落在我们身上。"

怎么样？这段描述是否能够说明他的观点？答案无疑是肯定的。他所举的例子真实又生动，这样的例子正好是我们在论证的时候所需要的。

这个意思怎么样

这个步骤是从对方的角度出发，更进一步地说明和解释你的意思。也许对方会对你所说的话表示反对，并且提出几条意见来反驳你。你最好在对方提出反对意见之前，主动想到他们可能会有的意见。

你必须对你的意思进行自我否定，然后去说明这一否定是错误的，并且考虑错在什么地方，这样才能使它更加可靠。对对方来说，它也才会更加可信。经不起质疑的意见是不可靠的，并且很有可能就是错误的。当然，这种思考必须在你准备说话之前就已经做好了。

对对方有什么用

许多推销人员说明了他的产品有很多好处，但是似乎并没有成功。这是因为，他说的固然有道理，但是可能跟顾客根本没有任何关系。对对方而言，最重要的不是有没有道理，而是这个道理跟他是否有关系。如果他得不到任何有益的东西的话，那么他一定不会对它感兴趣。因此，你有必要告诉对方，你说的这个道理跟他有什么关系。你最好是找一个最适当的理由来打动对方，并且让他既同意你的意见，又会在这个意见的指导下去行动。

重复一遍你要说的意思

有些人讽刺说："在你结束你的说话之前，提醒一下那些已经睡着的人们该醒醒了。"说话结尾的作用当然不止如此，但是如果真的有人睡着了，你强调一下你的意思，至少能起到一定的作用。因为在现实中，即使你说得非常精彩，也可能因为对方的才智、知识水平等问题，或者因为你的说话时间过长，你的主要观点已经被他们遗忘了。

表达意思的六个步骤

□ 这六个步骤不是金科玉律，因为实际情况常常发生变化。在实际的说话中，不要困在这些窠臼之中。

■ 六个步骤应该根据不同的说话内容而繁简有别。有的说话可能很难把你的意思表达清楚，所以你需要在前面两个步骤花较长时间和篇幅，而有些说话内容可能正好相反——论证它需要花更多的时间。

■ 实际说话可能更加复杂，这六个步骤可能需要变换顺序。

■ 有效的说话，最重要的是把话说清楚，而并不一定要遵照方法——方法与内容相比是次要的。

26. 恰当地提问

我有一次参加了一个桥牌聚会。我和另外一个漂亮的小姐都不会打桥牌，因此我们就聊了起来。当听说我以前曾是汤玛斯的私人助理，并因为工作关系到过欧洲各地旅行的时候，那位小姐十分感兴趣，并且要我讲一些旅行的事情告诉她。我就在她的聆听中说起了一些旅行的趣事。

在谈话中，我了解到她和她的丈夫刚从非洲旅行回来，我猜想她一定对这次经历的印象非常深刻。于是我问道："非洲一定很有意思吧？遗憾的是，我除了在阿尔及尔做过短暂的逗留外，还没到过非洲的其他地方。你能给我讲一讲你的非洲之旅吗？"

于是她兴高采烈地谈了起来。在之后的 45 分钟里，这位小姐再也没有问过我任何问题，而是自己一个劲儿地讲。我知道，她需要的是一个可以听她讲述精彩的非洲之旅的倾听者。

像这位小姐一样的人一点儿都不少。在社会交往中，我们需要向别人提问题。当你向对方提出一个问题之后，他会觉得你对他的事情很感兴趣，因此很乐意跟你分享他的经验。

实际上，提问对于促进交流、获取信息、了解对方都有着十分重要的作用。善于提问，你就能够掌握谈话的进程、控制会话的方向、开启对方的心扉。

提问的目的就是要达到一种和谐的氛围。我们从讲话者的角度去提问题，往往能获得良好的沟通效果。因此提问时，要把握好时机，摸清对方的心理脉络，使谈话变成一种互动，使问答能够顺利地进行。不要提对方难以回答或者不愿回答的问题，也不要限制对方的回答。

一位顾客想要买一种适合自己汽车的轮胎，售货员需要先了解一些基本的情况，让我们比较一下以下两种不同的提问方式：

方式一：

服务员：你的车在什么级别的公路上行驶？

顾客：在柏油路上。

方式二：

服务员：你的车一般是在什么级别的公路上行驶？

顾客：一般是在柏油路上，周末可能去一些道路条件不太好的地方。

服务员：也就是说，通常情况下道路条件较好。

顾客：是的，但是我每天都需要翻过一座小山。

服务员：这样的话，车的轮胎会磨损很快的，而且拐弯驾驶对你来说一定非常重要。

顾客：的确如此。

很明显，方式二的服务员得到的信息大大超过了方式一，因此根据方式二提供的信息，服务员为顾客提供的参考一定会更加适合顾客的需要。两句提问，仅仅差了一个词，其结果却出现了这样巨大的差别，可见我们在提问的时候一定要注意技巧和方法。

为了方便起见，我们将提问的方式分为以下几种类别：

正面提问。开门见山地问问题，直接提出你想要了解的问题。

反向提问。从相反的方向提问题。

旁敲侧击地问。从侧面入手，迂回到主题上来。

设问。假设一个前提，启发对方思索，使对方回答。

追问。循着对方的谈话发问。

而根据提问的内容，可以将问题分为开放式的问题和封闭式的问题。如果你提的问题是一个封闭式的问题，比如"你喜欢什么动物？"你得到的信息将会非常少，因为这样的问题通常得到的是"是"、"否"或者另外一些简单的答案。封闭式的问题对于那些打算结束别人啰嗦的说话的人是非常有效的。另外，当你在帮别人迅速地做出决定，在你想要使别人说得更加简洁一些的时候，它也很有效果。但是如果你希望对方继续把话说下去，维持正常的、热烈的谈话，你最好不要提这种问题。

像上面那个问题，如果换成开放式的问题的话，就可以是"告诉我一些关于你的宠物的信息好吗？"这样，对方的回答肯定是十分丰富的，你得到的信息也比较多，你甚至可以在他的回答中找到可以进一步发问的信息。封闭式问题和开放式问题的一个明显的区别是，前者有诸如"何时"、"何地"、"谁"、"何事"、"为什么"、"是否"等词汇在里面。很明显，开放式问题比封闭式问题应用得更加广泛。

你可能曾经碰到过一些问题，让你不知道该怎么回答。有可能这并不是你的错，而是这样的问题根本就提错了。我们称这些问题为无用的问题——请注意，这些无用的问题都只是说，作为一个问题来说它是"无用"的或者对谈话继续进行是无效的。以下简单介绍几种无用的问题：

导向性问题

如果你问"你认为我们是不是应该……"，这种问题有明显的导向性。实际上，你要得到的答案已经设置在你的问话里了。类似这种问题，我们都称之为导向性问题。作为一个问题而言，它没有任何意义——当然，你可能本来就没把它当作问题。类似的问题还有：

"你不是真的……吧？"

"……，是吧？"

"难道你不认为……吗？"

假设性问题

假设性问题实际上是假设一种没有出现过的、实际上没有可能出现的情况，以此来达到自己的目的。这种问题实际上已经包含问话者肯定的、间接的断言了。类似的问题有：

"如果你处在我的位置上，你会不会这么做？"

"如果你像他一样得了第一名，你会想要……吗？"

设定性问题

设定性问题就是先设定某人的状况，然后向他问问题。在多数情况下，这种问题是为了达到压制、强迫甚至打击的目的。这种问题只会引起人们的不适和警惕，因为他们很明显地会感到提问者另有深意。类似的问题有：

"你不是……吗？现在为什么却……？"

比如，某人问道：

"你不是认为我们应该抵制日货吗，因为日本人对我国人民不友好？"

"哦，是啊！"

"可是我发现你现在开的是日本车。"

多重问题

多重问题指的是将几个问题合成一个问题提问。这种问题往往导致人们不知道该先回答哪个问题，从而造成了尴尬。更加重要的是，当提问者附加了一些细节时，被问者往往找不到问题的重点。类似的问题有：

"你们是如何相处的？你们在一起有困难吗？你愿意告诉我这些吗？"

提问者提出了一连串的问题，这样无形中造成了紧张的气氛，让被问者不知道该先回答哪个问题，甚至不愿回答。

注意提问的技巧

■ 一般情况下，不要限定对方的回答。你应该提一个开放性的问题，使他有发挥的空间，这样会更有利于谈话的进行。

■ 避免无用的问题。不要提那些看上去是问题，但是实际上并没有发问的问题。

■ 在你提问题之前，要想一想对方可能会做哪一方面的回答，要自己掌握问题的方向。

■ 你也需要适时地提问，不要在别人谈得兴起的时候提问题，这会打断他的谈话，并且使他产生不悦的情绪，甚至有可能不愿回答你的问题。

27. 避免沟通中可能犯的十种过失

在高效的沟通过程中，我们必须避免一些经常犯的错误。这些错误只会使你和他人的沟通出现不愉快，进而影响到你们沟通的效果。下面简单地介绍十种可能犯的过失，至于更多的过失，需要你自己去慢慢地发现。

轻易地评价别人

我们在碰到一件事情的时候，总是会给它下一个判断、作一个评价。在通常情况下，如果别人说出某一件事情的时候，我们总是急于说出自己的意见。我们总喜欢给别人一个"好"或者"不好"的评语，就好像我们的意见是绝对正确的一样。或许我们希望通过评论别人来满足自己的优越感和自尊，因为我们在评论别人的时候，首先就已经自认为取得了评价别人的资格。

任何人都会反感对方采取一种高高在上的姿态。谈话时双方的地位是平等的。他跟你谈的可能只是自己的一个问题，他告诉你并不是因为他需要一个评价——即使这个评价他自己已经得出来了——而是需要对这个问题的解决，或者仅仅是陈述它而已。

当我们不得不发表自己的意见对别人进行评价的时候，我们当然不应该隐瞒自己的意见。但是"你是一个好人"或者"你真可爱"这类评价不会使对方满意，因为这表示你对对方不那么重视。

因此，你必须对他的优缺点进行具体的评价。我们实际上应该"就事论事"，而不要针对某一个人。也就是说，在我们评价一件事情之前，不要带有任何成见，更不要因为一件事就对某人轻易地进行评价。

对别人进行说教

我们每个人并非都是老师，对方也并不都是学生，可是我们总喜欢对对方进行说教。我们总喜欢告诉别人应该这么做，而不应该那么做；这么做是明智的，那么做是错误的、是愚蠢的。我们总是自认为比对方知道的东西要多，看得更加清楚，因此完全有资格告诉别人应该怎么做。原本是

91

一般的谈话，一下子变成了课堂上的教与被教，谈话双方的身份变成了老师和学生。

有时候，我们并不了解对方做一件事情的全部原因，以及做这件事情时的全部情况。当别人犯了错误的时候，我们总喜欢用过于简单的道理去说明他做得不那么正确。指出别人的错误，对我们来说是一件"诱人"的事情，为此，我们即使失去了对方的理解和谈话的和谐气氛也会觉得在所不惜。

你应该试着从别人的角度去看问题，这样，也许你就不会对他进行说教，而是更加倾向于理解、尊重和欣赏他了。即使你想要帮助别人，也不要用说教这种强硬的方式。

揣测别人的心理

在潜意识里，我们都希望成为一个心理学家。我们经常对别人说"你理解得不够"或者"你患了妄想症"。即使我们并没有受过专门的心理训练，我们也似乎有一种天生的"推己及人"（用自己的心理去推测别人）的本领，并且自认为这样做是对的。

要知道，那些心理学家也并不仅仅是从心理上就能推测出一个人的心理特征的，而必须结合相当多的事实，才能谨慎地得出结论。我们好像跳过了这一步。

所以，不要不顾事实而无端地推测别人的心理，你能够看到的仅仅是事实而已，你只有通过事实才能读懂他的心理。

直话直说

我们经常会对别人说："我这个人是个直性子，说错了话大家别见怪。"好像这样我们就能毫无顾忌地犯错误一样；对方也会有意无意地鼓励我们说："有话就直说。"

事实是，我们常常因为这样的事情而和别人产生隔膜甚至发生激烈的冲突。当我们在进行谈话的时候，气氛看上去好像很融洽，但是某一天你可能会听到对方对这次谈话不满的评价，这个消息绝对会使你惊讶。

这说明，你的直性子实际上破坏了你们的关系，只是当时没有表现出来而已。

当你直接指出对方的错误，而并没有委婉地把你的意思说出来的时候，你可能并没有意识到你已经不自觉地伤害了对方。与此相同的是，你可能在不适当的场合说了不适当的话，因此给别人造成了伤害。因此，要尽量委婉地把你的意思表达出来。

命令对方做事或者接受你的意见

命令就是当你想要别人做某件事情的时候，你用非常肯定的语气告诉他，让他感到没有商量的余地。你让对方感觉到自己就像一台做事的机器一样。

另外，当你想要别人同意你的意见的时候，你可能会采取一种不容置疑的态度去赢得他的同意。在整个过程中，看起来好像你一直在与对方商量，实际上对方却没有表达自己意见的机会。

这两种形式会使你给人一种威慑的力量，使对方不至于反对你的意见。前一种情况，对方只是做了你让他做的事情，但是他不会调动自己的全部精力去做这件事情，并且只会考虑尽快地结束这件事情，而不考虑其他的因素；后一种情况则导致对方有不同的意见却没有发表出来，但是表面上好像你们已经取得了一致。

因此，你应该真正地去赢得他人的同意，应该让他自己说服自己，把你的愿望变成他自己的愿望。

独自诉说或倾听

有些人喜欢把别人当成一面墙壁，只让自己滔滔不绝，而让对方什么都不做；或者在整个谈话中，他们自己拒不发表任何意见，甚至一直沉默。看起来，他可能并不愿意这样做，而是当时的情形逼得他这样做。

这两种情形都是不可取的。我们都知道，所谓沟通，本来就预设了一个前提，那就是谈话是双方的事情。如果希望完满地谈话，必须两方面都积极地参与进来，共同构建和谐的氛围。在谈话中，"独角戏"是唱不起来的。

不说逆耳的忠言

人们往往以为说出一个人的缺点或错误是让对方不高兴的事情，所以我们通常保持沉默。另外，好像我在前面也隐隐约约地提倡这么做。

在很多情况下，我确实反对直接地指责别人的错误，因为这将会导致谈话气氛的不和谐，甚至使对方产生敌对心理。但是，这并不意味着要隐瞒他人的错误。当我们发现他人有错误的时候，我们应该利用适当的时机指出来，而不是让它就这样过去。

我们和别人沟通的目的，是为了相互提高和人际关系的圆满。因此，如果你发现了别人的错误，并且用恰当的方法告诉了他，他一般情况下是会欣然接受的，因为说到底，这是为了他的进步。他接受了你的指正，当然会更加感激你，从而与你的关系会更加和谐。

不拘小节

我们在日常的交谈中，常常会犯一些小错误而不去注意。比如，一个人的打扮通常被认为是小节问题而不被顾及。我们考虑的可能是一些所谓的"大问题"，比如一个人要有才华、有知识，而不是究竟该怎么讲话。

这种想法的一个特点是，把那些属于"内容"性的东西的作用无限夸大，而把那些"技术"性的东西的作用无限缩小。殊不知，就是这些小节的东西在时刻地影响着你的说话形象，减低着对方与你交谈的兴趣，甚至引起了对方的反感，进而毁损了你讲话的效果。

说话模棱两可

如果我们不能准确地表达我们的意思，不能使我们一语中的，对方一定会认为我们另有所图。另外，可能你所表达的东西并不是你所想的东西。因此，我们必须注意使我们的意思很明确，并且能够充分地表达我们的意见。

含糊不清的原因就在你的思维，你可能并没有真正弄懂或理清你自己的思想。因此，如果你想要表达清楚，最合适的方法就是整理清楚你自己的想法，然后采用一定的技巧清晰、明确地表达出来。

转移话题

如果你在说话中有情绪化的倾向，或者你想隐藏你的观点，你可能会选择换个话题来谈论。你根本不会去回答对方提出来的问题，而是转换一个话题。当然，也可能是因为你没有注意对方的谈话，所以才不得不另寻一个话题。

毫无疑问，转换话题只有在特定的场合才是适合的。一般情况下，我们不要轻易地转换话题，这会严重地影响你与他人的沟通。比如，对方问："你觉得我们的关系怎么样？"你却回答："我想我们应该去看场足球赛。"你可以想象对方会有什么感受。

避免沟通易犯的种种过失

□ 控制你的情绪，让理性的思维控制你说话，而不要依靠情绪。

□ 我们必须清醒地认识一点：我的这本书讲述的主要是理论，而最重要的却是你如何在行动中去实践它，否则，一切理论都只是空谈。所以，这十种可能犯的错误，你必须根据你的实际情况有所侧重地避免。而更多的过失，也等待你自己去慢慢发现。

□ 我们的目的只有一个，那就是有效地和他人进行沟通。你所要想的就是如何实现这个目标，这样你存在的所有问题都会自然而然地得到解决。

28. 用请求不用命令

我们已经知道，那些强迫、要求和命令性的语气容易使人产生抵触情绪，而这种情绪正是我们不愿意看到的，因为它将严重地破坏人与人之间的关系。只有在相互尊重的基础上请求而不是命令，才能使交流顺畅地进行。

卡耐基训练班有位叫汤姆森的学员，他亲身经历了这样一个故事：

汤姆森所在的汽车公司修好了6名顾客的汽车后，顾客集体拒绝付修理费。他们并非不承认这个账目，而是认为其中某些项目写错了。事实上，每一个修车的项目单上，都有他们的亲笔签名，因此，公司拒不承认这些账目有差错。

汽车公司信用部的职员去收款的时候碰到了麻烦。他们逐一拜访了每一位顾客，要求他们缴纳未付的账款，并且表示，公司是绝对不会把账目弄错的。这些"错误"，应该都由顾客自己负责。这些职员暗示说，在业务方面，只有公司才是专业的，所以，他们没有必要进行无谓的争辩。结果，职员与顾客吵了起来。

这些账很不幸地将要成为一笔烂账，于是公司打算诉诸法律。这件事情被总经理知道了，他查阅了这 6 位客户以前的付款记录，发现他们之前并没有拖欠的情况。总经理认为，这些顾客之所以不付款，一定是公司在某个环节上出现了问题。于是，他派出了汤姆森去收这笔欠款。

汤姆森也像信用部的职员一样，逐一拜访了那些客户。但是他绝口不提欠款的事情，而是对他们说，他是来对公司的服务情况进行调查的。他表示，他并不相信公司绝对不会出错，然后他尽量让顾客们发泄不满，而自己只是仔细地听。

最后，那些顾客的情绪好像缓和了许多，于是汤姆森说道：

"我也觉得公司对这件事情的处理不是很恰当，为此我代表公司向你表示真诚的歉意。听了你刚才的话，我为你的忍耐力和力求公平的态度而非常感动。正因为你的宽广胸襟，我才请求你为我做这一点儿事。我相信，你会比其他任何人都胜任这件事情。请你再查下我们公司开给你的账目，因为你比任何人都更加清楚。如果有哪个地方记错了的话，你说该怎么办就怎么办吧！"

结果，他们高兴地核对了账单。这些账单的数额在 150 美元到 400 美元之间浮动。其中一位顾客只是付了最低额，他拒绝付来历不明的款项；但是其他 5 位都尽可能高地付了款项，一点儿都没有让公司吃亏。最奇妙的地方是，两年之内，这 6 位顾客又买了公司的 6 辆汽车。

毫无疑问，那些信用员是用合同的权威来命令顾客付款的，而汤姆森却正好相反，他所用的方法是请求他们这么做。比较一下即可看出，他们取得的结果是截然不同的。

用请求而不是命令的语气，有很多不可思议的好处，一旦你发现了这些好处，你就会慢慢地养成请求的习惯。

比如，不要说"不要那么做！"应该说"我觉得这样做不是很好"；不要说"我不喜欢你去做！"应该说"你不介意我让约翰去做吧？"

一个很好的方法，就是在你说话的时候带上一个"我"字，用"我"字可以非常详细地叙述个人行为，并且也能够告诉对方这将会对他造成什么影响，或者为什么这是重要的。用"我"来表达要求对方不要做某事的观点，将会使你的话听起来很平静，而不是在责备或命令他人。

比如，你说："我真的希望在中午之前拿到这份文件的复印件，你能帮我吗？"如果没有别的原因，对方会非常愉快地回答："没问题！"

当你打算要对方给你打电话的时候，如果你说："希望你给我回个电话！"这样说虽然礼貌，但是却带有命令的口气。你不妨说："如果你给我回个电话的话，我会非常高兴的。"

当你在会上讲话的时候，一位同事打断了你的话，并且对你说："布朗，我想请教你一个问题。"你为了表示不满，会说："请不要打断我的演讲。"还是会说："我把话讲完再跟你讨论，怎么样？"

如果我们要表达的意思是命令对方，你可能会担心用请求的语气与对对方说话会显得威力不足，对方根本就不会听我们的话。

杜鲁门总统曾经非常形象地形容过美国的外交政策：拿着大棒轻轻地走路。劝说他人的时候也可以用这种策略。一开始，我们可以"请求"对方，但是如果对方并不为我们的"请求"所打动，我们再转向"大棒"，即告诉他们不这样做的话会有什么后果。

比如，一开始说"我希望在中午之前拿到这份文件的复印件"，如果对方表示有事不能完成的话，你可以接着说一句"如果到时候拿不到的话，恐怕这次谈判会搞砸的"，对方就会明白这个任务很重要，而他完全会先不做其他的事情，转而做你所命令的这件事情。

用请求不用命令

❑　即使确认自己站在较"权威"的一边，为了维护他人的自尊，也必须用请求来代替命令。

❑　请求实际上是命令的弱化，但是会收到截然不同的效果。

❑　如果能把命令说成是你的想法或建议的话，在某种程度上，对方会不便于拒绝你。

◻ 没有命令、强迫或要求，可能就没有反抗和抵触。

29. 十种方法说"不"

你每天都准备和不同的人交往，那些人可能会向你提出各种要求。这些要求有合理的，也有不合理的；有你愿意答应的，也有不愿意答应的。但是，拒绝别人往往被认为是一件不好的事情，因为这往往会导致对方很难堪，破坏你和别人的关系。因此，你应该学会拒绝的艺术。

我们发现，如果你在拒绝别人时，冷冰冰地对对方说"不"等词语，这样一般会伤害对方，增加对方的不快和不满，从而使他在心底抱怨你，进而影响到你和他人的人际关系。而如果你用诚恳的态度、一定的技巧来拒绝对方，这样对方会更容易接受，并且能够减少对你的不满，而你也往往能够得到别人的谅解，并把对方的不快和失望控制在很小的范围内。因此，我将介绍十种方法，告诉你怎么来说"不"。

先同情后拒绝

当对方向你提出一个要求的时候，你应该告诉他这个要求并不过分，但是因为各种原因，暂时没有办法实现。也就是说，在语言表达上，采取了一种"先肯定后否定"的程序，这是一个通用的、十分有效的拒绝方法。你这样做并不会给对方造成心理伤害，而他也会对你的拒绝表示理解。

一个能力出众而且工作勤奋的员工向你提出加薪的要求，而你却因为各种原因，并不打算给他加薪。如果你直接告诉他："你的要求太过分了！"这样最坏的结果是导致他跳槽，并使他对你产生厌恶感。但是如果你告诉他，他确实对公司做出了不同于一般人的贡献，他的工作能力十分出色，加工资确实是应该的事情，这样能够产生完全不同于直接拒绝的效果。

比如，你这样对他说道：

"约翰，我知道你是个很棒的员工。上次那么重大的销售任务，你都完成了，简直太棒了！我个人认为，你确实应该加薪。但是，你应该知道，我们本季度整体的销售并没有达到预期的目标，因此，公司方面暂时不会调薪。从个人而言，如果单单为你一个人调薪的话，那么一定会引起其他人的不满，这势必会影响公司的整体发展。我想你不希望出现这样的情况吧？

"所以，我的意思是，我们暂时不会为你加薪，但是这只是暂时的情况。公司一定会认真考虑你的待遇问题的，因为你确实是我们公司不可多得的人才。我有信心，如果你继续为公司创造更好的业绩的话，我们一定会根据你的情况来调薪。到时候，你一定会得到满意的薪酬的。我并不是要求你比现在更加卖力——你已经非常卖力了，这一点相信所有人都看得到。我希望你能够继续保持这样的工作状态，在下个季度结束的时候，我们再一起来看看情况如何。"

告诉对方这么做的后果

不合理的要求可能就是因为它会给你或他人带来不利的影响，因此，在你拒绝他人的时候，你可以告诉他这么做的后果。他可能并没有看到这一因素，或者以为你没有看到。当你把利害关系跟他说清楚的时候，也就说明了你为什么不能答应他。

约翰急匆匆地走到你的面前，要你帮忙把一份文件打印一下。但是你当时正在准备一份更加重要的文件，那些董事们都在等着要这份文件。你会默不作声地把约翰的文件放在一旁，等到他30分钟后过来的时候，你再跟他解释你为何还没有完成他的文件吗？这样做不是不可以，但是需要花费你太多的时间和精力。

所以，为了免去许多麻烦，你应该直接告诉约翰："我现在正在打印董事们的一份文件，他们比你更急着要。如果你不希望我因此而被解雇的话，那么请让我把这份文件打完再说。"

一个销售人员在卖给你一本装帧精美的书之后，还想再卖给你一张光盘。他对你说："每个人都觉得这本书如果配上这张光盘的话，一定会让自己更加有收获。让我帮你搞定吧，只需要15美元而已。"但是你并不想买，你可以跟他说："我很感谢你这么替我着想，但是我爸爸说过：'一旦成交，不要再多要。'我们刚才已经成交了一笔交易啦！"你是在委婉地告诉对方，持续地强力促销可能会危及第一笔交易，那么他就会自觉地降低他的要求。

换一种处理方案

在你说"不"的同时，如果换一种方式清楚地说明这样做不切合实际的话，也可以达到同样的目的。当你的试用期的员工要求转正的时候，而你却认为他并不适合这一工作，如果你直接告诉他："公司拒绝为你转正。"这样做对吗？当然不对，这是十分愚蠢的做法。实际上，你应该坦诚地告诉他："约翰，我知道你在这段时间里已经尽了最大的努力，同时也取得了不错的成绩。是的，我们应该给你转正。但是，不知道你发现没有，你做事注意细节、待人态度诚恳，如果在销售部门继续做下去的话，这些优点恐怕都得不到充分的发挥。因此，我认为你非常适合在服务部工作。你有兴趣谈论这件事情吗？"

顾客要求你星期二将所有的货送到他的公司，但是你办不到。你难道会直接对他说"不"吗？实际上，你应该对他说："我无法在星期二将货全部送到你的公司，但是我可以在星期二将大部分货送到你的公司，其余的星期四之前全部送到；或者我们在星期二的时候把所有的货都凑齐，到时候你可以直接到我们这里来提货。你觉得哪种办法更好？"

诱导对方自我否定

我们知道，如果能够让一个人自己说服自己的话，那么拒绝他就变得好办多了。因此，一个很好的拒绝的办法就是，让对方意识到不应该这么做，从而使他进行自我否定。

一个老客户打电话给市场部经理托马斯，请他在他的部门为自己的女儿安排一份工作。这很明显使托马斯十分为难：一方面，他不能直接拒绝客户，这样的话就会失去这位老客户；另一方面，他又不能答应客户，因为他不但没有权力录用一个人，而且客户的女儿根本无法胜任市场部的工作。托马斯给她安排了一场面试。之后，在打电话回复的时候，托乌斯对那位客户说：

"洛宾逊先生，很明显，你的女儿非常聪明，她的写作能力尤其出色，并且，她对艺术有浓厚的兴趣。是这样吗？"

洛宾逊先生回答道："确实如此。她很小的时候就表现出了很强的艺术气质。"

"那么，"托马斯继续说，"你觉得她最适合什么工作呢？"

"可能，她根本就不适合在市场部门工作吧！"

就这样，洛宾逊先生主动地提出不再麻烦托马斯，决定让她进学校教美术课。

间接原因拒绝

间接原因拒绝，也就是回避对方认为应该被接受的原因而拒绝他。这是因为，如果顺着对方的思维方法推论下去的话，那么似乎真的没有反对他的理由。

一个坚持不懈的求职者打来电话说："我以十分诚恳的态度再次打电话来，希望你能给我一个机会，让我为你们公司效力。我知道你们公司已经没有多余的名额了，但是我希望你们知道，我将是最卖力的员工，并且，我真的非常希望能够得到这份工作。"

看起来，这样的员工是每个公司都想要的，但是实际的情况是，公司已经没有多余的名额了。你想用什么办法来拒绝他呢？作为公司人事部的负责人，洛克这样回答道：

"先生，我想我们已经一再地告诉过你，不要再把你的时间花在谋求本公司的职位上了。我想你需要明白一点，虽然你有那么多的优点，但是，我们公司想要的是服从公司领导的员工。实际上我已经对你说过多次，我们已经把你的联系方法记下了，如果有需要，我们一定会主动联系你的。这是我以前对你说过的，也是今天想对你说的，如果你尊重我的建议的话，希望你能照办。祝你早日找到工作。"

从对方的立场出发

在拒绝对方之前，要学会从对方的立场去考虑问题。在某些情况下，你完全可以说服对方，你之所以拒绝，是出于为对方考虑的。

如果你的老板交给你一个不可能完成的任务，你打算拒绝他，你可以对他说："如果有可能的话，我可以做到24小时连续工作，但是这样势必会影响工作的质量。实际上，你比我更加不希望我们的产品出问题吧？"

避实就虚

将那些要求或问题变成一堆泡沫，这需要有相当的技巧。避开那些实质性的问题，而故意用模棱两可的话回答对方，委婉地表达你的不合作的态度。这在许多外交场合都可以碰到。

一位国家元首圆满地访问了他国之后，在该国领导人的陪同下抵达了机场。这位国家元首诚挚地邀请对方回访本国，那位领导人说："在适当的时候，我们是会访问贵国的。"这就是著名的外交辞令。他并没有接受或拒绝对他国的访问，看起来好像回答了访问是必要的，但实际上并没有说出是否会访问或者什么时候访问，而对方要求回答的正是这些。在听完这句话之后，那位国家元首应该已经明白对方的意思了。

电视上那些政府官员在回答记者的提问时，用得最多的是"无可奉告"。我们在现实生活中也可以这样来回答这类自己不愿回答的问题。你可以用"天知道"、"到时候自然就知道了"这些模糊的方式来拒绝回答对方。

以笑代答

在某些场合，可能你不能用语言拒绝对方，这时候，你的肢体语言就可以发挥它的作用。当别人跟你要求什么的时候，你需要先表明一个态度。用微笑来代替回答，这种古老的方法十分有效，因为它不会弄得双方都难堪。

约翰在演讲的时候，发现一个听众正朝他示意，之后约翰知道原来他是想要提问。约翰并不喜欢他的演讲被别人打断，并且不希望听众被提问分散了精力。于是他朝那位听众笑了笑，然后就把目光移到了别人身上。那位听众会意，于是在演讲结束的时候才问约翰那个问题。

可以想象，如果约翰对那位听众说了点什么，那么听众的注意力一定会被打断。

当别人问你："你喜欢跟阿兰得辛在一起吗？"你一笑置之，别人就会明白你的意思。

把难题留给对方

当对方向你要求什么的时候，你如果感到很为难，不妨把这个问题留给他，也就是请他从你的立场来考虑问题。不要轻易地拒绝对方，而是要让他理解你的处境，这才是不会带来什么副作用的好方法。

你和你的妻子已经约好了明天晚上一起在餐厅共进晚餐，以庆祝你们的十周年结婚纪念日。但是今天，你们公司临时决定举行一个晚会，欢迎一个非常重要的客户。公司决定由你来主持这个欢迎仪式。你会怎么办？

如果你认为结婚纪念日比这个让你锻炼的机会更加重要的话，你必须鼓起勇气拒绝公司的任务，并且告诉领导，你很爱你的妻子，你不希望结婚纪念日里让她感到孤单。这样显然还不够有说服力，你可以这样对你的领导说：

"约翰，你跟我一样都深爱着自己的妻子。结婚纪念日里，我不希望对方受一点点委屈。如果是你的话，你会怎么做呢？"

你实际上把问题推给了对方，在多数情况下，领导会同意你的请求的。

对事不对人

当你拒绝别人的时候，为了不使别人感到难堪，必须让别人了解，你拒绝的是这件事而不是对方本人。我们必须将人和事分开。比如，你不能说"我不能为你做这件事"，而应该说"我不能做这件事"。

某公司的一个业务员造访了他的朋友——另一公司的部门经理，打算请他订购他们公司的纸张。这位部门经理解释说："实在很抱歉，我们公司规定，任何人——包括总经理在内——都不能私自订购任何一家公司的纸张。这些采购工作必须由采购部完成。"这样，那位业务员就不好再提出要求了，因为这一规定针对的并不是他一个人。

有技巧地说"不"

■　你首先要有诚恳的态度，要让对方知道你真的考虑过这些问题，而拒绝对方是因为客观的不可改变的原因。

□ 不要轻易地说"不"，这会让人觉得你不是一个热心和负责的人，不要因为可能遇到的一点困难就拒绝对方。

□ 不要因为希望讨别人的喜欢、担心拒绝别人会产生不好的影响而轻易地答应别人。实际上，如果你答应了别人却办不到，还不如一开始就拒绝。

□ 在你拒绝了别人以后，如果有时间的话，尽量询问一下事情的进展，这样可以显出你确实是关心对方的。

30. 批评也要讲艺术

1929 年，美国教育界发生了一件惊天动地的大事，一位刚满 30 岁的年轻人——名叫罗伯特·哈金斯——被聘为芝加哥大学的校长。人们纷纷对此进行批评，认为他太年轻，没有足够的经验来管理一个在全美国排名第四的大学。连本来很客观的报纸，也开始对哈金斯进行批评。

哲学家叔本华的一句话正好能说明这场攻击："小人常常为发现伟人的缺点而得意。"心理学家研究发现，人们常常通过批评他人来得到某种自我满足。

有太多的例子可以证明这一点。所以，当你打算批评别人的时候，你需要想一想你是不是也想得到一种自我满足的快感。这是一种很无聊的举动，而被批评的人不会有丝毫的感激，他只会对你感到厌恶。

而我接下来打算讲的是这样一种批评：你并不打算用它来满足你的自我优越感，而纯粹是为了对方着想，想要纠正对方错误的意见或想法，弥补他的不是。在此基础上，我们希望能够使我们的批评达到它应该有的效果。

事实证明，如果你真的为了对方着想，对方是不会一直非常固执地坚持自己的意见的——如果你运用了正确方法的话。但是同时，我们不能认为，只要我们的出发点是好的，那么一切都不是问题。这是一种过于简单的想法。

我们每个人都有自尊，而有的人甚至达到了自负的地步。当你指出别人的错误、对别人进行批评的时候，一般的人都会下意识地去维护自己的尊严，从而对你的批评采取抵触的态度。这就是人性的弱点之一。我们必须了解这个弱点，利用恰当的批评艺术，来达到我们批评的目的。

数年前，我的侄女约瑟芬从堪萨斯城来到纽约，当起了我的秘书。她当时才 19 岁，没有丝毫办事经验，理所当然地会经常犯错误。一次，当她又犯了一个常识性的错误的时候，我很想找她谈谈。于是我对她说：

"约瑟芬，你当然也意识到你刚才犯了一个错误。但是，你可能不知道，你比我当年可强多了，我那时真的是愚蠢至极，我曾犯过无数的错误；而且，你现在比我那时更加勇敢，也更加懂事。你不可能从一生下来就会懂得做某件事情的，那需要经验的积累。我并不是想批评你，约瑟芬。可是，你想想，如果少犯一些错的话，是不是会更好些呢？"

约瑟芬十分高兴地接受了我的批评，并且很快成长为一个能干、合格的秘书。在批评她之前，我首先指出她做得并不非常糟糕，比当年的我要好多了，并且委婉地指出她应该尽可能把事情做得更好。

德皇威廉二世是一个骄傲自大、目空一切的皇帝，他曾经说过一些令全世界震惊的话，并且引起了整个欧洲社会的不满。他说：

"我是唯一一感觉英国很友善的德国人。我正在建立海军，以对付日本。只要有我一个人的力量，就能使英国不至于被法、俄两国所威胁。英国罗伯特爵士之所以能在南非战胜荷兰人，就是我筹划的。"

事实上，在一百多年的和平时期里，欧洲没有哪位国王能说出这样的话来，可想而知这些话在当时所引起的轰动。各国政府都表达了对威廉二世的不满，德国政治家则十分恐慌。威廉二世也开始感到紧张，并暗示布罗亲王替他受过。

布罗亲王看不惯他的做法，于是说道："陛下，恐怕没有人相信我会建议陛下说那些话的。"

当他说出这些话之后，威廉二世咆哮道："你认为我是一头驴，你不至于犯的错误，我却犯了？"

布罗亲王意识到自己犯了一个很大的错误，但是为时未晚，他必须想办法补救。于是，他对威廉二世说：

"陛下，我绝对不是那个意思。你在很多方面都超过了我。不论是在海军知识上，还是在自然科学知识上，我都知道得太少了，而你比我知道的多得多。身为一个亲王，我深感惭愧。"

德皇听到这样的话后，脸上的怒意马上就消失了，露出了笑容。这是因为布罗亲王贬低了自己，抬高了他。德皇握着布罗亲王的手说："我知道自己在这件事情上做错了，我将承认这个错误。"

一开始，布罗亲王犯了一个很大的错误，他没有在批评之前先赞美德皇，从而引起了德皇的不满。但是，仅仅几句赞美，又使德皇开始高兴起来，轻易地使德皇接受了批评。我们在批评别人的时候，是不是也应该这么做呢？

下面我将举出林肯在1863年4月26日写的一封信，收信人是集国家、人民命运于一身的霍格将军：

"霍格将军：

我已经任命你为包托麦克军队的司令官，并且我相信这样做完全是正确的。但是，我希望你知道，我在一些事情上对你并不满意。你是一个英勇善战的军人，这一点我毫不怀疑，我一向对此十分欣慰。同时，我相信你不会把政治和你现在的职责混为一谈。你的自信是非常有价值的、可贵的精神。

在一定范围内，你的野心对你来说确实是有益无害的。可是，你曾经一度过于放纵你的野心，阻碍了波恩学特将军带领他的军队前进的脚步。这是你对国家、人民以及所有军人所犯的一个极大的错误。

据说，你认为军队和政府需要一位独裁的领袖。但是，我希望你不要忘记，我给你军队的指挥权，并不是想让你成为独裁者，而且以后我也无此打算。

只有那些在战争中取得胜利的将领，才能够成为独裁者。而目前，我的确希望你取得胜利。如果你取胜了，我将会冒着危险将独裁权授予你。

政府将会像协助其他将领一样，尽其所能地协助你。但是，我的确担心你的那种不信任人的思想会传给你的下属和战士，而它将会使你损失惨重。因此，我愿意尽力帮助你，平息你这种危险的思想。因为如果有这种思想存在，那么即使是拿破仑，也不能获得胜利。现在，千万不要轻易地向前推进，也不要急躁，你最需要的是谨慎，以最终赢得我们的胜利。"

林肯写这封信的时候正是内战最黑暗的时候，将领们因为联军屡遭失败，普遍地存在着悲观的情绪。林肯描述当时的情景时曾这样说："我们现在已经走到了毁灭的边缘，上帝似乎都已经抛弃我们了。我看不到一丝胜利的曙光。"这时候，林肯给霍格写了这封信。

正是这封信改变了霍格这位固执的将领，从而改变了国家的命运。当时霍格因为判断出了差错，犯了严重的错误。但是林肯并没有在一开头就批评霍格，而是对他进行了赞美。即使是批评的时候，他也采用了十分委婉的语气。

辛辛监狱的监狱长罗斯用他自己的经验告诉我们这样一段话："如果你面对一个盗贼或骗子，只有一个办法可以制服他，那就是像对待一个体面的绅士一样去对待他。因为只有这样，他才会感到受宠若惊，进而激发起内心的骄傲，因为终于有人信任他了。"

因此，我们在批评别人的时候，不妨采用一些有技巧的方法，这样才能取得令我们满意的效果。

注意批评的艺术

■ 你必须在尊重别人的基础上批评别人，这样别人才有可能接受你的批评。

■ 批评并不是争论，也不是有话直说，而应该运用一些方法和技巧。

■ 注意在批评之前先赞美一下对方，这样会形成一种自然和谐的谈话氛围，然后再把谈话引向批评。

■ 你可以在批评别人之前，先指出自己的错误和缺点，在这种比较平等的条件下，对方会更加容易接受批评意见。

31. 恰到好处地做出回答

如果说提问是人们沟通中必不可少的一个组成部分的话，回答提问也一样重要。我们经常冷不防地被提问，并且要求做出令提问者满意的回答。有问必有答，一问一答构成了语言交流的重要部分。

我们发现，同样一个问题，人们的回答可能各不相同。这说明回答问题有各种可能性，但是我们似乎应该确认一点：在这众多的可能性中，只有一种是使提问者最满意的；另一方面，在某些场合，比如辩论中，回答者往往并没有给提问者想要的答案。也许他们因为某种原因，不能或者不想告诉听众答案；也许在回答者看来，从自己的立场出发回答问题才是正确的答案。因此，我们一般认为，问题没有正确的答案，而只有恰到好处的答案——这明显是对回答问题者而言的。

中国人的语言内涵十分丰富，同时也意味着解读语言的多种可能性。有一位中国老人满 99 岁了，一位政府官员去祝贺她，并对她说："我希望明年能够来给你庆贺 100 岁生日。"那位老人回答道："怎么不能呢？你的身体不是很好吗？"

其实，那位政府官员的意思是，希望老人能够活到 100 岁。但是那位老人却理解成了政府官员对他自己的身体的担心。虽然我们不在中国，但是我们在回答对方问题的时候，也通常犯那位老人一样的错误：答非所问。因此，我们在回答问题的时候，首先应该仔细地听清楚对方要表达的意思。

没有一种问话会要求你在听到问题后一秒钟之内马上给出答案，除非你自己想要表现出你反应很迅速。你完全有时间想一想对方问话的意思，了解他的意图，然后再确定回答的方式和范围，从容地组织答案。有些人似乎习惯于一边说话一边思考，但是这并不是大部分人能够做到的。一般的人在脱口而出之后，马上就会后悔说出了那样的话，因为那样的话本来不应该说，或者完全可以说得更好。

不要急于回答。你可以试着对提问者的意思进行解释，并且夸赞提问者几句。这会让你真正了解提问者的意思，并且得到他的好感，你还可以利用这些时间好好整理一下你的答案。

对问题做出判断，揭示其隐藏的意图。如果你怀疑对方另有意图的话——不管对你有利还是不利——在没有弄清楚之前，不要直接给出答案，而要问一下对方真正的意图是什么。你可以问他："告诉我你真正感兴趣的是什么？你想让我说的是什么？"

你可以建立一座桥梁，由此进入你的回答阶段。这可以算做解释对方问题的一部分。一位议员被问及："你反对加税吗？"那位议员回答道："这位先生想要知道我是否反对加税。实际上，你真正想问的是，我们是怎样使美国人民更加富裕的。让我告诉你我们对于复苏经济的计划……"这个议员十分巧妙地把对方的问题过渡到自己想要回答的问题上。

这样，你首先要对你的答案进行设计，也就是我们前面所说过的"思维"过程——相对于你把它陈述出来而言。当然，对待一般的问题，你必须用你的知识做出符合客观实际情况的回答。不然的话，就会犯狡辩的错误，从而给人不真诚的感觉。

上面我介绍了回答问题时应该注意的一些基本问题。接下来，我将就如何具体回答常见的问题给出一些意见：

关于是非型问题。提问者想要你回答简单的几个字，这当然是很容易的事情，但是这类问题往往埋有陷阱，因为简单往往容易导致误解。除非在法庭上，你不需要具体回答是非型的问题，你应该直接回答"是"或"不是"。

关于选择型问题。有人问："你们公司的目标是增加投入还是减少人员？"这样的问题不好回答，因为答案可能不在他给出的选择项内。不要被提问者提出的问题所干扰，按照事实说吧！对上面问题的回答可以是："我们的目标是提供最优质的产品。"

关于不能回答的问题。当你被问及那些关于个人秘密等不便回答的问题的时候，你应该直接告诉他为什么不能说出来。你必须给出你的理由，否则将会被认为是不真诚的。

关于倾向性问题。比如，"你不再打你的老婆了吗？"而事实上你并没有打过她；或者"此次调价对你们公司造成了多大损失？"事实上你们公司一点儿损失都没有。

回答这类问题时可以直接跳过对方的假设，用事实说话。

关于问题太多。对方提出一系列的问题的时候，你没有必要一一回答。你应该说："慢一点，我的朋友。"然后再一次回答一个问题。

让人为难的是那些你不想或者不能做出正面、直接回答的问题，这时候你还可以用以下这些方法来回答：

无效回答

当你不想回答对方的问题的时候，你可以选择这样的回答方式。也就是说，你可以用一些没有实际意义的话回答他。

比如，对方问你："今晚你要到哪里去？有什么秘密的事情吗？"你却不想告诉他，于是你可以说："没什么大不了的事。"这样，提问的人就不会再问下去了。

对方问你："贵国打算什么时候对该国采取军事行动？"你回答他说："我们已经提交给议会讨论了，我相信他们会本着对国家、对世界人民负责的态度来讨论此事的。至于什么时候，到时候诸位就知道了。"

反转问题

有些问题是比较刁钻的，它可能是一个含沙射影的问题，也可能是一个陷阱。这些问题可能会使你尴尬。在这种情况下，你可以换一个角度想一想。

比如，对方问你："我没有兴趣继续听下去了。这个问题你已经讲过很多遍了，你觉得还有继续说下去的必要吗？"你可以这样回答："你觉得你已经完全听懂了吗？"让对方来回答他自己提出的问题。

一个外交官被一群记者围住，被要求就前几天某位议员在国会进行的演讲发表一下意见。那位议员讲的是一个国际政治上的敏感话题。这个外交官回答道："你们要我说，我当然可以说。但是我的态度全世界的人民都已经知道了，因此，我没有必要把它说出来。"

间接回答

在有些场合里，对方可能会提出一些十分敏感的问题，或者想刺探你的真实意图，或者就是想刁难你，使你不便直接给出回答。这时候，你可以间接地做出回答。

英国首相丘吉尔在20世纪30年代访问美国时，一位强烈反对他的女议员对他说："如果我是你的妻子的话，我一定会在你的咖啡里投毒的。"丘吉尔轻轻一笑，回答道："如果我是你的丈夫的话，我一定会把那杯咖啡喝下去的。"

还有一次，丘吉尔因为力主和苏联联合对抗德国，一位记者诘难他说："你为什么老是替斯大林说好话呢？"丘吉尔回答道："如果希特勒侵入了地狱，我同样会在下院为阎王讲情的。"

当你在回答问题的时候，态度一定要恳切，要让提问者感到你正在努力、真诚地回答他的问题，而不是在敷衍了事。如果有人在寻求信息，则要表现得很专业，让对方觉得你的答案很可信。

不要把注意力局限在提问者身上。提问者提出了问题，但是这不是你跟他之间的私聊，你需要注意的是，有更多的人在你面前，等待你做出解答，提问者只是为你们提供了一个话题而已。当然，相对于其他听众而言，你还是应该相对多地注意这位提问者。

当你回答了某个问题之后，要保持你一贯的作风，千万不要因此而得意起来。否则，你的听众就会努力在你的回答上找漏洞。

对那些有敌意的提问者，你最好保持你的优雅的风度。不要因为对方提出了一个让人尴尬的问题，你就非常不客气地对待他。你应该冷静地处理这个问题，以便使局势朝对你有利的方向发展。

恰到好处地回答问题

◻ 回答要得体，这是最基本的要求。要针对不同的场合、不同的人做出最合适的回答。

◻ 不要使任何回答都闪烁其词，这样会给听众带来不真实的感觉。应该有所区分：对那些应该回答的问题，必须直接、简洁地给出回答；而对于那些不想或不能回答的问题，应采用适当的技巧来回答。

□ 回答问题能够显出一个人的机敏度，艺术地回答问题能够显出你说话艺术、反应能力的高超。

□ 适当地处理那些有敌意的问题。对这些问题必须慎重，因为你说话所取得的效果可能会毁在回答这些问题上，这些是十分危险的问题。

32. 冷静地处理冲突

我们常常会因为某一件事与对方争吵起来，有时候吵得面红耳赤，甚至最后靠决斗来解决问题。但是只要稍加注意你就可以看到，其实这些争论到最后也没有解决什么问题。事后，只要我们冷静地想一想，就会发现本来没有争吵的必要。因为这些问题本来也不是什么大问题，犯不着这样争吵。

冲突在我们的交谈中是难免会出现的，但是这仅仅是表面现象。实际上，冲突是两个人或者更多的人在看法、方法、目标、方式甚至价值方面的不同所引起的，并不仅仅表现在言语的争论上。我们知道，人与人都是不同的。哲学家说"这个世界上没有完全相同的两片树叶"，人类则更是如此。在大多数情况下，出现分歧是十分正常的，也是可以解决的。但是人们却往往把这些分歧变为争吵，试图向对方说明对方是错误的、自己是正确的，以至于看起来似乎不可调和，像有什么深仇大恨一样。

冲突的形式并不限于争吵，它还有很多表现形式。比如，你把问题的所有责任都推到对方身上，并且开始攻击对方的能力、性格甚至人格，使自己得到了自我满足的快感。我们知道，这种批评是每个人都喜欢做的，况且它还跟你有关系。这是一种常见的批评和攻击方式。比如，你说话的时候话中带刺儿，让他人觉得受到了侮辱，或是受到了轻视。也许你认为这是一种幽默，但是事实上却伤害了对方。又比如，你试图在解决这个问题的方法上，说明你比对方更加高明，以此显示你的优越感。你的这种强烈的感情使对方反感，你们的目的从解决问题上开始转移，转而变为对各自的评价。

冲突自然也不仅仅包括语言上的争吵，它更多地表现为沟通上存在的问题。当我们没有了解并理解对方的观点、方法、价值、意图的时候，冲突自然就会产生。我们总是习惯以自我为中心，以为每个人都应该按照自己的那一套去做事情和看问题，同时，又对别人的那一套表示不满。这是冲突的本质之所在。

古希腊哲学家苏格拉底的妻子是一个十分彪悍的妇女。一次，她对着苏格拉底大发雷霆，后来居然把一盆脏水对着苏格拉底迎头泼去。但是苏格拉底并不生气，反而说："我知道，雷鸣之后总会有一场暴风雨的。"别人劝他把这个悍妇休掉，苏格拉底说："善于驯马的人都会选择悍马作为自己训练的对象。因为如果连悍马都驯好了的话，那么其他马自然也不在话下。如果我连她都能忍受的话，还有什么不能忍受的呢？"

我们平常的冲突自然没有这么激烈，而且我们一般人也没有苏格拉底这么好的涵养。为了圆满地解决问题，树立良好的社交形象，追求更高的境界，我们需要学会处理冲突。诚然，有些问题不能改变，或者说不能轻易地改变，比如个人的价值观等，但是只要我们愿意，我们的确能够运用适当的方法处理冲突，以达到我们的目的。

纽约市一个电话公司的策划部经理保罗十分赞同我的观点，他甚至乐观地认为，他的员工的冲突是因为对工作热情而产生的，他十分喜欢这些冲突。他不喜欢那种死气沉沉的工作氛围，而喜欢冲突所带来的新的思想、角度，以及解决问题的新的方法。他说，问题的关键在于如何"有建设性地"处理这些冲突。

一个和那位改良蒸汽机的伟大发明家同名的员工，以保罗和策划部其他职员的名义，给他的同事玛丽发了一封电子邮件，指责她的某一个策划方案存在许多致命的错误。"你应该改正它，"瓦特在信的末尾说，"或者干脆让更加适合的人来做。"

保罗看到这封电子邮件后，直接找到了瓦特，并指出他指责对方错误的方法是不当的，并且，他更加不应该擅用他人的名义。这不是解决冲突的正确办法，如果他需要跟玛丽讨论策划方案，应该用另外一种方式去解决这个问题——保罗并没有告诉他应该采用哪种方式。

次日，瓦特找到保罗，说他已经跟玛丽当面协商了策划方案存在问题的解决办法，玛丽也已经原谅了他的鲁莽。

我们在解决冲突的时候，需要注意以下一些问题：

弄清楚对方的立场

你可以假设对方的用意是好的，从而更多地从对方的立场去考虑问题，这样你或许能够心平气和地和对方谈论。你希望别人理解你的决定，同样你也应该理解对方的决定。在没有弄清楚对方的真实用意之前，不要假设对方是意气用事，是为了维护自己的利益。这些假设往往会把我们引入误解的歧途。把你的眼光更多地放在对方的言语、行动上，不要依靠猜测来评判对方。

在别人说话的时候，冷静下来仔细倾听，这样你才能理解对方想要表达的是什么意思。然后，告诉对方，你完全理解他。不要打断别人的谈话，更不要气势汹汹地指责对方。

寻找共同点

我们可以轻易地了解到，我们与别人产生冲突，都是为了事情的解决。我们和他人的关系是伙伴而不是对手，更不是敌人。

所以，当我们和别人发生冲突的时候，应该积极地找出问题的解决方案，而不是使冲突升级。我们和对方的争吵或者其他的行动，都有可能使我们的注意力从问题本身转移到其他方面。在讨论中，不管我们冲突的核心问题是什么，在问题上产生了什么不同的观点、方式，关键是要注意问题本身，而不是其他方面。

实际上，冲突在大多数情况下都是在寻找"最佳答案"。事实是，因为人是各不相同的，因此给出的答案也各不相同。我们的争论实际上是在讨论哪一种答案最适合当前的我们。在这一点上，我们并没有什么根本的分歧。告诉对方这一点，并且让他相信事实确实如此。

忘掉一输一赢的思维模式，那只是竞技比赛的特点，并不适合冲突的解决，冲突完全可以实现双赢。

你还可以从其他方面来寻找你们的共同点。比如，经过思考后你会发现，其实你们都是主张用同一种方法来解决问题的，只是你们在某些方面出现了偏差，而这一点本来是可以忽略不计的。

解决问题而不是责备他人

你应该诚恳地表达你的观点。如果你确认自己的方案是最优的，就尽量说服对方，让他也这么认为。光提高嗓门是没有办法说服对方的，更不用说责备对方了，那样只会给你们带来不快和不信任。你的目标是解决问题，而不是为了比较你们谁更加高明。

当你配合他人解决问题的时候，你会发现自己正处在一个十分友好的氛围之中，这种氛围会更加有利于问题的解决。如果一次两次的意气用事是你没有办法克制的话，那么千万不要使它成为你的习惯。

解决冲突

■ 你们要时刻牢记你们的目标是解决问题，而不是争执。或许争执是必不可少的，但是它必定要达到这个目标。

■ 理解对方的意图，并且尊重对方的选择。如果没有更好的办法的话，同意对方的意见。

■ 不要让冲动的情绪来帮你解决问题，它只会将问题越弄越糟糕，最后连你自己都会失去目标。冷静下来，这样对你将更加有利。

■ 如果你拿定了主意，就帮助对方也拿定主意。你们必须取得一定程度的一致，即使这需要你们做出一点儿牺牲。

33. 辩驳时不要太针锋相对

我通常建议我的学员不要与别人争论，因为在很多情况下，争论不能使一个人改变自己的观点和看法。但是在某些场合，比如谈判或辩论中，我们少不了要跟人争论，因为只有争论才能维护自己的利益和坚持自己的观点。

在谈判或者辩论中，我们并不只是表明和论证自己的观点和立场。有时候，我们需要通过对对方的观点进行反驳来反对对方，进而维护自己的观点。

我们仍旧需要明白以下几个前提：

冲突是必然存在的。在很多时候，争论双方的立场和观点是截然不同的。我们在前面已经讲过，冲突并不只是语言上的争论，而且是更加深层的原因造成的。

因此可以说，有人的地方就会有冲突，而如果要取得一致的意见，就必须展开争论——当然，是方法恰当的争论。

大家的需要都是正当的。不要认为只有自己需要的东西才是重要的，而别人的需求就微不足道。争论双方的地位是平等的，否则对方也没有必要和你进行争论了。

并不一定只能有一个人赢。不要认为我们只有一个人会得到自己需要的东西，别的人则会一无所获。这样的想法会使你感到焦灼不安，于是你可能运用各种不理智的办法去赢得争论。你们完全可以通过某种恰当的方法，达到"双赢"的目的。

我们在辩驳的时候，需要注意以下几点：

就事论事

不要针对对方本人展开你的辩驳，要让对方感到你在反驳的只是一个观点而已，而至于这个观点是谁提出来的，则无关紧要。把你的辩驳和你的个人感情分开来考虑，即使对方是你讨厌的一个人，也不要认为你辩驳他的观点就是在批评他本人。

把人和问题分开，要让对方感到你是一个讲道理而不是乱扣帽子的人。你必须想到，你们正在针对某一个问题的解决试图达成一致的意见，并不是要在人品、口才等其他方面一争高下。带着开放的态度参与争论，而不是为了争论而争论。

假设你同房东谈到你租的房子的装修问题。对方以为这间房子已经是以目前的价钱所能租到的最好的房子了，但是你认为这间房子需要重新刷一遍白漆，楼道里的灯管需要更换，后院里的栅栏需要修理。你会怎么样来反驳他的观点？难道你对他咆哮"你真是一个吝啬的房东"？或者扔给他租房法的具体条款，并且对他说"你现在必须把这房子按照我的要求进行装修，否则我将在月底搬出去"？

这样一来，即使是为了维持自己的面子，对方也多半会说"随你的便"。你本想就此来威胁他，结果却使自己陷入了尴尬的境地。因此，你不如不动声色地对他说："我有些事情想要和你商量一下，我的要求是合理的，因此希望你能够认真考虑。当然，你也可以提出自己的意见。"

表明利益

首先认清对方的立场，以及这种立场背后所代表的利益。即使没有那种显而易见的实在的利益，人们的基本需求如被尊重、安全感、信任感等可能也是对方的利益所在，而且这些需求比金钱可能更加重要。

然后，说明你和对方确实存在着冲突，同时告诉对方，你们也存在着共同的利益。你们之间的共同利益正是你们进行争论的原因，而你们确实也期望达成一致的意见。

詹姆斯对一位房屋承包商说："明年1月份的时候，我母亲将要来和我们一起住。所以，我需要在现在的住宅边添一间房子。我们只打算花7000美元做这件事情。房子可以尽可能地简单，但是我希望它不要太小，材料也不要太差，而且要跟其他房子相配。你觉得怎么样？"

承包商回答说："我已经进行了成本的估算，当然，我们不会偷工减料。7000美元对我们来说太少了，这样我们会亏本的。而且，现在正是装修的旺季，我们手头已经有了很多大的项目，这些项目足以使我们赚一大笔钱。所以，如果现在腾出手来接这份没有多少赚头儿的活儿是离谱的。我们的最低要价是8000美元。"

"那么淡季如何？"詹姆斯明白了对方的利益所在，于是问道，"你看，你现在可以打地基、搭架子、砌墙壁，这些活儿全部都按照全价计算。等到了秋天，你们会有更多的时间，到时候你们再回来继续这个活儿，完成它的装修，到时候你们可以打一些折扣。我现在可以付你一部分钱，然后把剩下的钱全部存进银行，让它生息。而等到付款的时候，我会把本息都付给你们，到时候总价肯定会超过 7000 美元的。这样的话，你们在淡季有活儿干，也不至于耽误我的计划。"

这样，对方很容易就答应了。事情很圆满地得以解决，因为詹姆斯满足了他们的要求。

考虑对方的意见

你必须明白，你所提出的建议不一定就是最好的，可能存在几种完全不同地为大家所接受的方案。不要认为如果你想要得到一份最大的蛋糕，就只有一种分蛋糕的方法。实际上，存在许多种分蛋糕的方法，甚至可以想到如何使蛋糕变大。

因此，不要固执己见，而要考虑对方的意见。也许当你仔细地考虑对方的意见的时候，你会认为他所说的也很有道理。即使你认为他说得不对，也至少为你提供了另外一种解决这件事情的方式。

你也许可以从他的话里得到这样的信息：

"据我推测，你的意思是怕年轻人担任这一职位不得力，你认为经验对这个工作来说很重要。因此，你需要一个精明能干的、已经有非常多的经验的人来担任这个职位。"而很有可能，你在考虑解决这个问题的时候恰好忽视了这一点。

变选项为建议

即使你确认自己的方案和意见是最好的解决办法，也不要用棒子威胁人家去接受。因为正像你拒绝接受别人的意见一样，对方同样也不会那么容易就接受你的观点。不要告诉对方："你应该这么做！"而应该说："你可以这么做。"

不要立刻说出你的建议。先看看对方是怎么想的，然后分析他所说的办法，找出其不合适的地方——如果你找不出来的话，多半这个方法就是最佳方案；然后列出自己的选项——包括通过他的方法加以改进的选项——给对方选择，让对方自己去评判哪个更加优越。如果他选择的不是最佳方案的话，对他所选择的方案进行解释，找出这个方案的缺点。

当你最终给出一个方案的时候，不要用肯定的语气要求他也同意，而应该将它作为一个建议，循循善诱地引导他接受这个方案。

比如，不要说："不管你怎么说，我打算付给你 15 万美元来购买这套房子。"而说："如果我们能够就各项条款达成一致的意见的话，那么我打算出价 15 万美元。你看这个价钱是否合理？"不要说："我希望你能够在月底给我最终的统计数据。"而说："如果我能够在月底之前拿到最终的统计数据，那么就不会出什么问题了。"

很明显，建议式的方案更加容易让人接受。

辩驳对方不要针锋相对

□　对事不对人。不要让你的情绪或者对对方的好恶控制你的思维，这会影响你的判断的客观性。

□　当对方提出一个意见之后，不要急于去反对它，冷静地想一想，它的问题到底出在什么地方。

□　辩驳的时候不要过于激动，这会让人看起来像是在吵架一样。

□　永远都不要胁迫别人。有压迫就会有反抗，这是一个不变的真理。

34. 电话交流时的十大要领

现代社会中，电话的使用越来越广泛了。人们常常利用电话进行问候、聊天、预约等交际活动或者进行推销等商业活动。人类有很多话是依赖于电话这个工具而进行的。所以，我特意在这一节中给你们讲述电话交流的一些技巧，而这些对你们是很有帮助的。

我们在电话交流中需要注意以下一些要领：

做好通话准备

在你拨通对方的号码之前，最好先想好你打算说什么、以什么方式开始。如果可能的话，最好了解对方的一些信息。社会学家发现，即使是朋友，在不同时候打电话的态度、兴趣也都是不一样的。要了解对方在用什么声音说话，代表的大致是怎样的一种情绪，然后再采取相应的对策。如果是电话营销的话，最好弄清楚对方的一些情况，比如他的职位、兴趣、爱好等。

尽量不要在电话通了之后才去想应该跟对方说些什么，这不但会使你因为紧张而找不到话题，而且也会使对方不耐烦。现代社会是快节奏的，人们都不希望别人浪费自己的时间。没有思考，一般都会使你说话时带有"嗯"、"啊"等无意义的语气助词，这会影响对方对你的感觉。如果你要说的内容比较多或比较重要，把它写下来也是一种好的办法。

使声音清晰

想必你们还记得我前面说过的关于人们传达信息的渠道的有关数据。我提到，根据社会学家的研究，有55%的信息是通过表情、身体姿势和手势等体态语传达的。我们在面对面的交谈中，可以通过表情、手势等来帮助自己，表达我们的情感、思想。但是我们在打电话的时候，却只能用声音来传达我们的信息。

因此，你需要特别注意你的声音。

我们在前面所说的交谈时需要注意的声音方面的问题，包括音量、声调、节奏等很多与声音有关的因素，这些因素在电话交谈时依旧需要注意。在电话交谈中，你需要特别注意的是声音清晰这一点。这是电话交谈最基本同时也是最重要的一点。

我们可以想象一下那些含糊不清的通话。如果你和对方说："你说什么？""请再重复一遍。"这无论如何都会带来对方的不快，从而引起交谈的困难。而在一般情况下，如果你和对方不是处于同一对话地位——比如你是推销员，对方是你推销的对象——的话，对方即使没有听清楚你的话，也不会主动告诉你他并没有听清楚。他为了省去麻烦不会要求你重复一遍，而是以"好，我会考虑的"、"以后我再联系你"等类似的话来结束你们的谈话。你没有成功地把你的信息传达给对方，也就谈不上什么技巧了。

同时，不要让周围嘈杂的环境影响你们通话的质量。在嘈杂的环境中，我一般都会告诉对方，我待会儿会打过去的。

遵循礼仪

你需要在电话交谈的时候更加注重说话的礼仪。最好使"你好"、"谢谢"、"打扰了"、"对不起"等礼貌词语在必要的时候派上用场，这会使对方更加乐意跟你通话。在你的谈话中，尽量让对方感觉到你是一个谦谦君子或者很可爱的小姐，而千万不要给人粗鲁、莽撞的印象；尽量用温和、客气的口气跟对方说话。这些跟我们平常说话的礼仪是一样的。

一般而言，如果是你主动打的电话的话，应该由你先挂电话。因为是你有事情找对方，你挂电话说明你说完了。但是，如果存在身份不平等的问题的话，应该由那些身份较高、年纪较长、职位较高者先挂电话，这表示你对这些人的尊敬。

不要以为没有见面就可以肆无忌惮。当你通过电话拒绝对方的时候，你仍然需要使对方留有自己的自尊。如果你不保持礼貌的态度的话，很显然，对方也更加容易用你的方法来对待你。

说好开场白

接通电话之后，如果你一开始说"给我找你们公司那个约翰"，这样你可能会听到对方"啪"的挂电话的声音。因此，如果你不想受到这样"无礼"的对待的话，你应该说："你好，请帮我找财务部的约翰。"这样的话，对方会非常乐意为你效劳。

如果接电话的正是你想找的人，不要想当然地认为对方会知道你是哪位。你应该首先作自我介绍，这还是一个礼貌问题。当对方弄明白你是谁之后，不要跟对方谈论今天的天气如何，你应该直入主题，把你的意思说清楚。很多人好像觉得这样直接了一点，但是大多数人就是喜欢直接，而并不喜欢对方拐弯抹角。

使你的话简短而准确

有些人喜欢在电话里聊天，他们的谈话没有主题，往往一聊就是几十分钟。当然，没有人有权利阻止你这样做，如果你愿意花费昂贵的电话费的话。关键是对方可能没有这么多时间陪你闲聊，他也没有义务这么做，虽然他没有说出来。

要使你的话尽可能地简短，能够用一分钟说完的事情，不要花费几十分钟。这跟我们平常说话是一样的。要考虑到对方拿电话久了可能会很累，而且，他很可能有别的重要的事情要去做。如果对方听得不耐烦了，他不会继续听下去的，而那时候你还没有讲到你说话的重点，你应该不会希望这样。

当然，话语简短的前提是你确实把自己的意思表达清楚了，并且确认对方已经知道了。如果不是的话，你必须再"啰嗦"一下。

倾听对方说话

永远要记住说话不是一个人的事情。不要只顾自己滔滔不绝地说话，也要让对方说话。他也许有重要的信息要告诉你；他也许会告诉你他并没有完全弄懂你的意思，或者还有别的什么疑问。总之，留一点儿时间让对方说话。

当对方说话的时候，不要一边看报纸、电视，一边只是"嗯"、"哦"之类地回答对方，甚至跟他讲起了电视上突然出现的滑稽画面。你知道不被重视的感觉，所以也应该知道对方的感受。

你不知道对方说了些什么，不知道对方的情绪，受到损失的只是你自己。对方也许并不知道你在做这些事情，但是他会很容易感觉到你说话的兴致不高。

记录谈话要点

准备好笔和纸，随时记下你认为重要的东西。你应该养成这样的习惯。不要在对方给你一个号码的时候，要对方稍等，然后再花好几分钟的时间满屋子找笔和纸。

当你记下了对方给予的重要信息的时候，即使对方没有问及，你也应该重复一下你刚才所记的内容。当你清晰地复述出来的时候，对方会很高兴，因为你在认真地听他说话。而如果对方问你弄清楚了没有，你却不得不请求对方重复的话，那会使对方怀疑你有点儿心不在焉，没有认真地听他说话。

也许你认为自己的记忆力不错，但是在通常情况下，等一通完电话，因为某一件事情的发生，你就会忘记刚才那件事情了。不要相信自己的记忆力会比纸和笔更加出色，你可能会因为这种自信而付出很大的代价。

通话被打扰

当你跟对方正谈到某一个重要的问题的时候，你的一个客户走了进来。你会怎么办？是停止通话，还是不理那位客人？

从来没有人会说面前的客人永远比电话里的客人更加重要，也没有人会说相反的话。这完全要看当时的情形。如果你面前是一位更加重要的客人——我的意思是，他可能一不高兴，就停止了和你公司 200 万的合同——你应该一面微笑示意你面前的客人，一面对你的电话里的客人客气地说："不好意思，我有一件急事需要处理。我待会儿给你打过去。"千万不要说"我有一位重要的客人"，这样会显得电话里的人分量不够——如果他们都是你的客人的话。

如果正好相反，你则可以在示意对方坐下之后，在时间稍为充裕地处理这次通话——当然，你也不能因此而怠慢眼前的客人。

确认你的主题

在你想要结束你的通话的时候，你要向对方重复一遍你的意思，以便确认对方已经完全明白了你的意思；或者，你可以问一问对方听清楚了没有，甚至干脆要求对方重复一遍。你最好确认自己没有浪费这次电话交流的时间和电话费——即使你可以报销。

拒绝无趣的来电者

由于电话已经非常普遍，你也可能经常接到那些无趣的电话。那些来电者使你十分不愉快，打扰了你的生活和工作，而且严重地影响了你的心情。因此，你对这些人通常是没好气地斥责，然后冷冷地挂掉你的电话。

作为一个想要实现高效沟通的人来说，我们并不希望以这种看起来没有水平的方法处理问题，而且拒绝人总是不好的事情。所以，你应该更加艺术地处理这些无趣的电话。你应该对那些推销者说："不好意思，我们并不需要这种产品。实际上，我们已经和另外一家公司签订了合同。不过，我还是很感谢你的来电，你的声音听上去不错。祝你好运！"

像这样，以一种十分平和和客气的语气，把拒绝的态度和原因、对对方的赞美，以及感激之情都表达出来，当然会更加容易让人接受。

电话交流的要领

❑ 用声音来表达你的意思，它是你唯一的工具。只有通过它，才能把你的形象、态度和其他信息都表达出来。因此，电话交流对你的口才要求更高。

❑ 直接、快速地表达，在这个快节奏的社会会要求很高，在电话交流中更是如此。

❑ 在电话里拒绝一个人很容易——这往往是一个陷阱。不要因为这一点使你给别人这样一种印象：你总是当面一套，背后一套；你是个投机取巧的人，因为你当面从不这样拒绝人。

❑ 你的笑容、你的情绪、你的注意力的集中程度，实际上都会在你的声音中表现出来。因此，要想象跟你通话的人就站在你的面前，只有这样，你才能在电话交流中表现得更好。

第五章
构建和谐的情感世界

亲朋好友是我们的情感世界的重要组成部分,正是他们给了我们幸福。他们在我们困难的时候鼓励我们,快乐的时候和我们一起分享,悲伤的时候和我们一起分担。因此,每个人都希望自己的情感世界很和谐,因为这的确很让自己感到幸福。

不幸的是,即使这种愿望很强烈,现实也并不总能如愿。我们经常看到的是,朋友间产生误解,以致变成了敌人;无数的婚姻破裂,惨淡收场;家庭生活也不像自己希望的那样美满。人们都在问:为什么会这样?

问题出在你们自己身上。或许不是你一个人的责任,但是失败的、不和谐的情感世界的形成的确有你的"贡献"。而像其他人与人之间产生的问题一样,根本的原因可能在于,你们没有实现有效沟通。

35．给予朋友"同感"的理解

约翰最近失去了自己已经从事十年的工作,接着他的女友又跟他提出分手,他感到十分悲观,认为自己的生活实在是太不幸了。于是他找到了他的朋友亨利,并对亨利说:"亨利,我想自杀。生活没有什么意思,一天到晚都是不幸和痛苦。我已经失去了生活的动力,再活下去也只是忍受更多的痛苦和折磨。上帝太不公平了。"

"是啊，"亨利在听完他的话后，平静地对他说，"我也曾经有过要自杀的想法。那时候，我也像你一样感到生活是黑暗的，没有什么有意思的东西。以前看起来很快乐的生活，一下子都变得痛苦了。但是后来发生的一件事情，使我改变了自己的想法。"

接着，亨利谈起了那件事情。而约翰也继续听亨利往下说，他边听边点头，认为亨利所说的确实很有道理。最后，他终于打消了自杀的念头。

我们发现，亨利处理这种棘手的事情的方法，显得十分巧妙。一般人在遇到这种事情的时候，往往一开始就告诉他的朋友：这是一个愚蠢的想法，应该赶快放弃这样的念头。我们并不知道，这是一种十分危险的做法，因为这样做很可能使你的朋友听不进你的劝告，最终你并不能说服他。而亨利的做法却值得我们借鉴，他采取的就是一种给予朋友"同感"的理解的做法。

"同感"指的是对对方所述说的内容，自己有同样的经历或感受。实际上，"同感"意味着一种情感上的"共鸣"，而这正是人们在情感沟通时想要取得的效果。

人们寻找朋友的目的，有相当一部分就是为了获得这种情感上的"共鸣"。有一句话叫作"志同道合"，正好说明了这种目的。人们总是喜欢跟那些在看法、立场和价值观方面与自己差不多的人在一起。当你的朋友对你说起一件事情，并且表达了他的看法的时候，你对他表示自己也有同样的看法，这样会很容易为你赢得对方的友情。当然，他可能是想询问你对这件事情有什么更加高明的看法。但是事实上，如果你的看法跟他一致，他会得到一种认同感，从而拉近和你之间的距离。

"是的"、"的确如此"之类表示同感的词语，具有不可思议的魅力。当你的朋友对你说了点儿什么事情的时候，你对他说："的确如此……"只这几个字，就拉近了你们之间的距离，并使你们愉快的谈话由此开始。这可能是取得友谊的最直接的方式。

想要取得与朋友的"同感"，就要从他的立场去思考问题。伍勒先生是美国第一位职业音乐经理人，他曾经与美国历史上一些著名的艺术家打过交道。他对我说："要同那些脾气古怪的人打交道，必须对他们表示彻底的同情和理解。"

大约三年的时间，伍勒先生是世界低音歌王佳利宾的经理人。用伍勒先生的话来说："佳利宾就像一个被宠坏了的孩子一样，各方面都糟透了。"

佳利宾似乎总是在开始自己的演唱会的前一天打电话给伍勒先生。"沙尔，"佳利宾通常会这样叫着伍勒先生的名字说，"我得了重感冒，很不舒服，而且喉咙也嘶哑得很厉害。我想我明天不能参加演唱会了。"

伍勒先生能像一般人那样说"不行"之类的话吗？当然不能，因为这样带来的唯一结果是佳利宾会更加坚持原来的主意。一般情况下，伍勒先生会前往佳利宾居住的酒店，见到佳利宾，然后说："我亲爱的朋友，你可真不幸。的确如此，你得了很重的感冒。你现在要做的只是休息，别的什么事都不要做。至于这场演唱会，不用担心，我会通知取消它的。虽然你损失了几千美元的收入，但是那比起你的身体来，根本算不了什么。"

"沙尔，"佳利宾听到这样的话之后，怀着感恩的心情说，"要不你晚上再来一次好了，看看我到时怎么样。"

于是在晚上的时候，伍勒先生再次赶到酒店，并且对佳利宾的想法表示同意——取消演唱会。佳利宾说："要不你再晚些来，我到时可能会好一些。"

等伍勒先生再次看望佳利宾的时候，他终于答应登台演出了。实际上，伍勒先生很早就知道，佳利宾的感冒一点儿关系也没有，只是他自己认为很严重而已。但是他却对佳利宾表示了同情，并且最终使他同意演出。因此，表示与朋友的"同感"的理解——即使在你们的意见有分歧的时候——会帮助你轻松地处理和朋友之间的关系。

对朋友表示"同感"

■ 尽量向你的朋友展现你们的共同之处，这样会使你们在心理上拉近距离。

■ 尽量同意朋友的意见，做到这一点并不困难——你对他的立场和思维逻辑应该都十分清楚，从他的立场出发，你会发现确实会得出这样的结论。

■ 当你们的意见有分歧的时候，还是要尽量找出你们的共同点。既然是朋友，你们之间肯定会有很多相同的地方。

　　■ 不要让你的朋友觉得你是在敷衍他，在表示"同感"的时候，你必须发自内心地把你的意见表达出来。

36. 如何赢得异性的信任

　　在我们这个时代，人们眼中的有才华的人，往往首先是一个善于表达的人。而如果你只是在同性面前善于表达，从而赢得了同性的喜爱，那还只是成功了一半，因此，你必须想办法赢得异性的信任。

　　但是，如果你是一位男士，你可能经常遇到这样的情形：当你在和男士谈话的时候，你可以轻易地做到口若悬河、滔滔不绝；而当对面坐着一位漂亮、可爱的女士的时候，你可能就会呆若木鸡，连一句完整的话也说不上来。

　　异性交往有着无穷的乐趣。在异性面前，每个人都希望自己能够像平时一样伶牙俐齿、妙语连珠。但是也许正因为这种表现的欲望过于强烈，每个人在与异性交谈时都或多或少地存在紧张感。其实，只要掌握一些基本的原则，要做到成功地与异性交谈、赢得异性的喜爱，就可以变得十分轻松。

礼貌有节

　　任何社交场合都需要一定的礼仪，异性交往尤其如此。众所周知，男性和女性的性格是各不相同的，男性偏向于坦诚、直率，而女性则委婉、含蓄。在此基础上，礼貌主要表现在尊重各自的差异方面，而这也构成了异性交往的前提。

　　俄罗斯有一句谚语：男人靠眼睛来爱，女人靠耳朵来爱。这句话对我们的启示是，男人往往更加重视视觉效果，而女性则对动听的语言更加注意。在与男性的交谈中，任何一个不雅的举动都可能会被他收入眼底；而在与女性的交谈中，我们的任何一句令人不悦的词句都会被她装进耳朵。

　　另外，性别对于接受是有影响的。同样的一句话，对不同性别的人讲，可能意味着不同的意思。一般来说，男性能承受比较直率、干脆、粗放的话语，而女性则更加喜欢委婉、轻柔、细腻的话语。

因此，考虑到性别差异，你就不能把一些同男性说的话同样地诉说于女性，这样会冒犯对方的。

比如，对于陌生的或者不太熟悉的女性，不应该问及她的年龄，也不应该贸然地问她的家庭情况，因为这都会被认为很冒失、没有礼貌。而同样的问题如果问及男性，这样的不佳效果就不会产生。对男性说的话可以粗放、豪爽一些，甚至带一点骂辞也无关紧要——当然要在非正式场合；但是对女性却不能说同样的话。特别是开玩笑时更应该注意程度和对象。

话语投机

如果注意观察，我们可以发现这样一种情况：男性交谈的话题往往是较公开性的，比如社会、时事、政治等等；而女性交谈的话题往往是较私人性的，比如服装、孩子、家庭等。注意到这个区别，对我们寻找合适的话题有很大的帮助。

男性和女性的谈话是有十分明显的差别的。一般而言，在男性面前，大多数女性并不会主动引导话题、滔滔不绝，她会更加愿意做一个倾听者和跟从者；表现在谈话中，她的话会显得比较含蓄。这时候，谈话的主动权一般都掌握在男性手中。而一场谈话的成功与否，主要是由男性控制的。

赞美对方

任何人都喜欢被称赞。由于人们都希望赢得异性的好感，所以异性的称赞对他们来说就更加重要了。可以说，赞美是赢得异性好感的最好的方法。

如果一个男人采取了某种行动，进而得到了对方的赞同，他就得到了自己希望得到的最高的赞赏。比如，如果女性对他欣赏的电影评论说："这真是一部十分有趣的电影。"这等于在说："你真是一个有趣的人。"这种肯定的引申意义，确实是不可思议的。

相对而言，女人则更加喜欢得到直接的赞美。当一个女人被称赞"你今天真漂亮"的时候，这会让她——如果她开始心情不那么好的话——变得高兴起来。需要注意的是，如果说男人喜欢听到"今天晚上你很愉快"，那么女人则更加喜欢听到"你今天晚上真迷人"之类的话。

保持神秘

在心理学上，保持神秘感是一个人拥有持久魅力的不二法门。很多人抱怨他们结婚之后爱情就走向了灭亡，这在一定程度上就是因为丧失了神秘感。这种抱怨不能不说有一定的道理。

与此相反的观点是，人与人交往应该真诚、直率，说话应该直截了当。但是我们可以说，异性在交往的时候却并非如此。

我们的确需要向对方敞开心扉，但是这却是在一定程度上的"敞开"。可以这么形容这种程度，即能够让对方发现你有一定的吸引力，但是却并不完全坦白。

实际上，正是因为男女之间具有很多的不同，才让异性交往显得神秘，并且具有十分强大的吸引力的。而如果你一开始就展示了你的全部，那么也就在一定程度上丧失了这种吸引力。

社会交往中忽视性别差异

如果你同对方的交谈是一种以社会交往为目的的异性交谈，那么，你最好在一定程度上忽视对方的性别特征，这样才能做到自然、和谐，才能消除紧张心理，也只有这样，才能够在客观上帮助你赢得异性的好感。这一点很好理解：正因为这种差异的存在，你才会想到在交谈的过程中应该取悦对方，才会郑重其事。当然，忽视性别差异并不意味着你可以不拘小节，因为所有谈话都是需要注意礼仪的。

当一个人出现在许多异性中的时候，这时候你们的话题可以是那些适合大多数人的。

如果他们大多是男性，自然不能寻找那些家庭或者孩子等较私人的话题，以引起少数女性的兴趣。作为一个女性，如果你处在这样的环境之中，最好倾听他们的谈话；如果可能的话，还要表现出极大的兴趣。这样，你才能够取得社交的成功。

赢得异性的喜爱

□ 尊重性别差异，这是异性交往的前提。在同异性的交往中，要时刻记住这一点。

◻ 找到合适的话题进行交谈。要尽量找对方感兴趣的话题，而不是你喜欢谈论的话题。

◻ 不要吝惜赞美对方，这是你赢得异性好感的最直接的方式。

◻ 保持一定的神秘感，不要像对同性那样把自己的想法和特点全部表露出来，这会更加便于你赢得对方的好感。

◻ 最极端的心理暗示：忽视对方的性别特征。这并不是指需要你忘记这一点，而是为了在心理上帮助你克服紧张感而做的暗示。在实际言行中，你还是必须注意它。

37. 婚姻生活切忌唠叨不休

大文豪列夫·托尔斯泰是世界上最伟大的作家之一，他的《战争与和平》、《安娜·卡列尼娜》是世界文学史上不朽的名著，他因此而拥有了耀眼的名望、财富和社会地位。但是，这些对人们来说最宝贵的东西却丝毫没有使他的婚姻变得幸福；相反，可以说，他的婚姻是他这一辈子最大的悲剧。

托尔斯泰认为金钱是一种罪恶的东西，因此他想要放弃他的作品的出版权，不再对他的作品征收版税。但是他的妻子是个过惯了奢侈生活的人，她这一辈子最重要的工作之一，就是为这个问题对托尔斯泰不断地进行责骂和唠叨。在地上撒泼打滚是她经常使用的伎俩，她甚至要挟托尔斯泰：如果他再阻止她得到这些钱，她将会服毒自杀。

由于再也不能忍受家庭和婚姻对他的折磨，托尔斯泰在他82岁那年10月的一天——那天正下着大雪——离家出走了。他宁愿在寒冷的黑夜里漫无目的地行走、忍饥挨饿，也不愿再见到那个可怕的女人。11天后，人们发现他死在一个火车站的候车厅里，那时候一个亲人都不在他身边。而他的遗言，却是不许他的妻子出现在他身边。

当托尔斯泰去世的时候，妻子终于意识到了她给这位伟大的人物所带来的痛苦，只是一切都已经太晚了。她临终的时候对她的儿女说："你们父亲的去世，是我的过错。"听到这样的话，他们的儿女能够说些什么呢？他们都知道这是事实——正是她的喋喋不休和没完没了的唠叨把托尔斯泰给害死了。

　　破坏爱情和婚姻的最狠毒的手段，就是唠叨不休。它像眼镜蛇吐出的可怕的毒液一样，总是具有巨大的破坏性，能够轻而易举地让一个美好的家庭走向破裂。当然，偶尔的吵嘴没有这么大的破坏性，它是不可避免要发生的事情。一般的人都知道怎么去弥合吵嘴所带来的微小的创伤，而不至于使它过大。唠叨不休的人却并不这样，他总是这么做，其结果就是造成的伤害无法弥合。

　　林肯最大的悲剧也不是他被暗杀——当然这也很不幸——而是他的婚姻。我们不知道当他被枪击之后，他是否感到了痛苦，但是我们的确知道，在此之前的23年里，每个黑夜和白天，他都不得不遭受婚姻的折磨。在他去世后，当他的儿子小泰德被告知自己的父亲已经进入了天堂时，小泰德动情地说："我的父亲在人间的日子一点都不快乐，值得庆幸的是，他现在已经得到了解脱。"

　　林肯当年的同事贺恩律师曾经说："林肯的不幸是婚姻造成的。"的确如此，林肯夫人生性刻薄，对林肯尤其如此。她在婚姻生活的大部分时间里都在寻找和指责这位伟大人物的缺点。她总是以指出林肯的长相丑陋为乐，说他的大耳朵垂直地长在脑袋上、鼻子太短而嘴唇又太突出、四肢太大头却太小。不仅如此，她还指责林肯走路时总是佝偻着身子，肩膀一上一下地十分滑稽；她一边抱怨林肯走路没有弹性，一边还模仿他走路的样子。

　　比佛瑞兹是研究林肯的专家，他在自己的回忆录中写道："林肯夫人的嗓音十分尖，叫起来连街对面都能听到；她斥骂的声音，能够让邻居听得一清二楚。不仅如此，她发怒时并不仅仅限于语言，还包括行动等其他方式。"换作其他任何一个人，与这样的夫人生活在一起，其婚姻生活都是不会幸福的。

　　我们可以随便举一个例子。在林肯夫妇结婚后不久，他们租赁了欧伦夫人的房屋。一天早上，大家正坐在一起吃早餐。因为一句无关紧要的话，林肯激怒了他的夫人。她立即跳起来，当着许多人的面，把一杯热咖啡泼到了林肯的脸上。

林肯尴尬地坐在椅子上，一声不吭地忍受着。后来，欧伦夫人拿来了毛巾给他擦脸和衣服，而林肯夫人却依旧在唠叨。

当这种婚姻像恶魔一样折磨着那位伟大的总统的时候，他发现这样的唠叨和谩骂简直比政敌的毁谤更加让人难以忍受。当林肯作为律师经常到外地办理案件的时候，每到星期六，其他律师都回家和家人共度周末，林肯却从不回去。他像一个没有家庭的流浪汉一样，宁愿忍受乡下旅馆恶劣的条件，也不愿意回到地狱般的家里。

日本人针对婚姻生活不美满的原因进行了调查，结果发现丈夫对妻子不满的因素中，位居前三位的依次是：唠叨不休（27%）、性格不好（23%）、不懂得持家（14%）。也就是说，导致人们婚姻不美满的很大一部分原因是女士的唠叨不休。我认识一位女士，她不但性格温柔、善于持家，而且对丈夫也十分关心。但是就在不久前，她的丈夫却愤然离家出走了，其原因就是他忍受不了妻子事无巨细的唠叨。这一事例正好也说明了日本的调查的正确性。

这并不只是社会学家的发现，一些法律也把忍受唠叨当成了一个可以减轻犯罪人刑罚的条件。比如，瑞典法律就明文规定：如果受害人是一个爱唠叨的人，那么杀害受害人的被告可以被判为过失杀人罪。而乔治亚州的最高法院所判的案件表明，丈夫如果是为了躲避妻子的唠叨而把自己反锁在房子里，则是无罪的。他们认为，即便是住在阁楼的某个角落里，也比住在大厅里却要忍受女人唠叨要来得舒服。

有不少的事例都说明了唠叨不休对婚姻的破坏作用。《电信世界》中曾经有一篇文章报道了这样一件看起来很离奇的事情：一个已经50岁的维修员一连雇用了3名杀手，最后终于杀死了他的妻子，其原因竟然是他忍受不了妻子的唠叨。据这位丈夫说，他的妻子总是能够围绕一件不起眼的小事说上三天三夜，这都快要把他逼疯了——事实上，从他做出的这件事情来看，他已经疯了。

一名32岁的坦桑尼亚男子曾经用一瓶驱虫剂过早地结束了自己的生

命。人们在他的尸体旁发现了一个药瓶和一封信，他在那封信里写道：我决定立即结束我的生命，因为我的妻子总是喋喋不休。

我无意把婚姻生活不美满的原因全部归结到女人们的唠叨上——实际上，在所有这样的事情当中，另一个人同样也可能犯很严重的错误——我想说明的只是，如果你确实意识到自己喜欢唠叨不休，并且这种唠叨正在破坏你的婚姻生活，那么，你应该毫不迟疑地结束它。

防止自己唠叨不休

□ 让你的丈夫或者家人监督你，请他们发现你有这样的表现时，立即提醒你。

□ 尽量只把话讲一遍——如果确实很重要的话，不要超过三遍——然后忘了它。因为如果对方不愿意听你的话，即使你讲了一百遍，他也会无动于衷。

□ 用更加聪明的办法达到你的目的。条条大路通罗马，不可能只有一种方法能使对方听从你。唠叨不应当是你的首选。

□ 不要把举足轻重的大事和无关紧要的小事同等看待。因为一件浴衣就对丈夫大动干戈，看起来好像跟马克夫人要自己的丈夫去刺杀国王没什么两样，这样是十分愚蠢的。不要让小事影响了你们的爱情。

□ 用理智来控制你的情绪，不要随意爆发你的感情。每个人都受不了这样的处理方式。

38. 男人别用沉默折磨女人

蒙哥马利是英国历史上著名的军事家。他在 38 岁的时候，仍旧是一个光棍。直到 1926 年，他的生活才因为遇到了卡菲尔夫人而发生了改变。

当时，没有人想到这个声名显赫的将军会爱上一个军人的遗孀。蒙哥马利当然不在乎这一点，他在乎的只是他对卡菲尔夫人的爱情。一年后，他们在齐奇克教区的一个教堂里举行了婚礼，正式开始了他们幸福的婚姻生活。

蒙哥马利并不像一般的军人那样脾气暴躁，在整个婚姻生活中，他几乎没有什么粗鲁和没有教养的言行；相反，他对自己的妻子从来都是礼貌有加，而且似乎有说不尽的甜言蜜语。当贝蒂·卡菲尔做了一件家务的时候，他总是会对妻子说一声"谢谢"；他总是赞美他的妻子很漂亮；在平常的日子里，他也总是对妻子说一些话来逗她开心。他千方百计地使他的妻子感到幸福和满意，自己也因此得到满足。

1937 年的春天——这时候，他们的婚姻已经持续了 10 年——当贝蒂在海边散步的时候，她不幸被一只毒虫咬了，并因为毒性发作被送往当地的乡村医院。蒙哥马利赶到医院，守护着贝蒂。最后，贝蒂在蒙哥马利的怀里安然逝去。在她临死前的几分钟，蒙哥马利还在为她朗诵《圣经》和赞美诗，但是却已经不能再唤醒妻子。

应该说，贝蒂是幸福的——我指的不仅是蒙哥马利在她死后没有再娶，她是他这辈子唯一的恋人——我想说的是，这个世界上的大多数女人好像都不如她那么好运，她们的婚姻生活似乎并没有这么幸福、浪漫。如果她们自己没有主动去行动的话，她们回家后看到的将毫无例外是一个一直冷冰冰的家庭。在结婚之前，丈夫是一个能说会道、口若悬河的人，但是结婚之后他却好像变了一个人一样，对家里的一切——包括自己——似乎都失去了兴趣。丈夫像蒙哥马利那样对自己说着不尽的甜言蜜语，这对这些可怜的妇女来说简直就是痴心妄想。

不要认为我们的切身感受是不可靠的。社会学家也告诉我们这样一个事实：结婚以后的男人是沉默的动物。女人们常常对人抱怨说："他什么都不肯说。"他不愿意说出自己为什么一回来就要躺在床上，为什么总是忘记结婚纪念日，为什么不肯打妻子为他买的那条领带。他们这么做了，但是却认为自己不需要对此解释些什么。

问题在于，正如前面我们提到的谚语所形容的那样，女人确实是用耳朵来"观察"世界的。她当然不希望吵架和怒骂，但是也绝对不想听不到任何声音。大部分的女人相信，她们是需要被关心、需要经常听到些甜言蜜语的。她们经常抱怨自己的丈夫不像以前一样赞美自己、关心自己，这似乎表示她已经对他失去了吸引力。她不想自己面对的是一个沉默的丈夫，她不想男人用沉默来折磨自己。她们希望能够像新婚时那样听到丈夫对自己多说几句赞美的话，从而让自己高兴起来。

一个农妇表达了自己对这种沉默的愤怒，虽然有一些夸张，但是的确很能说明问题。她和大多数有工作的女人一样，每天除了自己的工作之外，还必须给家里人做饭。有一天，晚餐的时间到了，她却把一大堆草放在饭桌上。丈夫对这样的行为感到十分不解，问她是不是发疯了。这位农妇回答说："我还以为你不知道自己吃的是什么呢！我做了 20 年的饭，你一次也没有告诉我你吃的不是草而是饭。"

沙皇俄国时代的那些上层人物都很明白这个道理。每当他们品尝了美味的食物之后，他们一定不会忘记对做出这些美味的厨师表示感谢和赞赏。遗憾的是，那些每餐都吃着妻子做的可口饭菜的男人们，却并不像这些上层人物那样有礼貌。他们似乎都认为自己应该得到这些东西，所以并没有在品尝食物的时候，告诉妻子他吃的不是草！

是他们懒得说，还是他们不愿说？无论是因为什么，事实是他们都保持了沉默。从这一点来说，女人的唠叨不休可能并不是因为她们天性如此，而是因为男人的沉默。她们是在用这种方式抱怨男人的沉默。

众所周知，苏格拉底，这个古希腊最善辩的哲学家在婚姻方面是个不折不扣的失败者。他在 40 岁秃顶之后，依靠自己的口才成功地博得了年轻漂亮的 19 岁的赞佩茜的芳心，使她嫁给了自己。但是，他们的婚姻生活并不幸福。他的那位娇妻在婚后变得十分蛮横无理，而苏格拉底也经常称她为"泼妇"。

也许一般的人会由此得出一个结论：婚姻是爱情的坟墓。但是这么想过于简单了。那些熟悉苏格拉底的人告诉我们，正是苏格拉底一手造成了自己不幸的婚姻。他在得到赞佩茜之后，开始用沉默对待这位妻子。他要求赞佩茜做一个听话的、传统的、保守的妻子，并且经常对没有达到这个要求的赞佩茜大加责骂。年轻的赞佩茜自然无法转变得如此之快，因此忍不住会用发脾气来发泄心中的愤怒。而当她在被苏格拉底说成是"恶妻"之后，她的脾气变得越来越暴躁，最后终于变成了一个真正的

"泼妇"。

因此，有专家指出，如果在婚后苏格拉底对赞佩茜还像婚前那样热情的话，那么赞佩茜是不会变成那个向苏格拉底泼污水的"泼妇"的。

事实上，另一项研究表明，因为某种无法解释的原因，男人比女人更加喜欢争辩。但是奇怪的是，男人却很少在自己的妻子面前争辩。当他吃到自己并不喜欢的晚餐的时候，他可能会放下饭碗去看电视，却不跟妻子解释他为什么这么做；当他觉得妻子的妆化得过浓的时候，他也会不置一词。他们好像以为只有这样才会相安无事。

但是事实并非如此，我的一个成功的作家朋友就是这样的。他有一天找到我，向我说起他家中的烦恼。他像苏格拉底一样把他的妻子说成是一个难得一见的泼妇，并且说她似乎喜怒无常、太难伺候。

"她的工作并不十分辛苦，"我的这位朋友说，"但是一回到家她却经常唉声叹气。她最喜欢无理取闹，常常莫名其妙地就大吵大闹起来。我并没有跟她争吵，但是家中却永无宁日。"

的确，这位作家生性安静，而且喜欢沉默寡言；他更擅长的是写作，而不是说话。

我建议他说："你试着多陪她说说话，也许她所做的一切都只是想要你多说几句话而已。"

一个星期以后，这个朋友又来见我了，他高兴地对我说："的确如此。我现在经常赞美她，对她嘘寒问暖。她的脾气原来还是很好的。"

在很多情况下，男人所忽视的东西往往是女人重视的东西，如一句问候、一句关心，或者一句表达爱意的话——这本来是无关紧要的东西，但是却往往能够使女人高兴起来。既然如此，为什么还要用沉默来折磨女人呢？

男人不要继续沉默

□ 婚姻并不是坟墓，如果你愿意的话，你可以使婚姻变成天堂——关键在于你怎么去做。

□ 把男人在婚前追求妻子的激情拿出来，不要对婚后的生活感到厌倦。

■ 感谢、赞美你的妻子——当然，这还不够——会让她觉得为你所做的一切都是值得的。

■ 多说些"花言巧语"，这样做不会有坏处。如果你真心喜爱你的妻子，就要把"花言巧语"说出来，而不是埋在心里。

39．永远不要用强迫的语言

虽然我们在传统的基督教婚礼仪式上可以听到这样的话："从此以后，不论更好或更坏、贫穷或富有、疾病或健康，你们都会彼此相爱，一直到死亡的那一天。"但是这种誓言听上去并不可信。我们更加相信自己的眼睛和耳朵，它们让我们知道：即使在我写下这些文字的这一刻，也有无数的家庭正在争吵，有无数的男女正在伤心。如果我们把视野放得更加宽广的话，可以把我们的观察结果变成一句话：有人的地方就有矛盾和冲突——家庭自然也不会例外。

虽然这个结果可能听起来让人有些沮丧，但是却大可不必如此。能够和和气气、相亲相爱当然好，但是即便有一些冲突，也会使我们的婚姻生活变得更加有意思。冲突是由不同的意见、不同的观察角度甚至不同的解决办法所引起的，而拥有亲密关系的夫妻也自然会存在这方面的问题。

比如，你觉得你的妻子不化妆的话看上去可能会更加舒服，你想让她接受你的观点；但不幸的是，她坚持认为自己化妆后更加动人，甚至认为不化妆就会感觉不自信——结果两个人争论不休。当这样的家庭冲突产生的时候，我们会想办法去处理；同时，我们总是希望两个人都对这个处理结果满意——从这一点来看，关于化妆这个问题，上面一开始的解决办法是不恰当的。

我的意思是，你不能用强迫的语言去说服对方或者命令对方做任何事情——就像我前面所提到的那样，因为这样做的结果只会对你们不利。

有这样一个古老的故事：风因为想证明自己比太阳强大，于是对太阳说："我比你强大多了，这一点我可以轻易地证明给你看——我能很快地脱去那个人的衣服。"风让太阳躲起来，自己开始施展威力。但是，风刮得越大，那人把自己的衣服裹得越紧。

最后，风不得不放弃了它的努力。这时，太阳从乌云后面出来，晒得人身上暖洋洋的。那人开始出汗了，于是把外套脱了下来。

太阳对风说："友善的力量，永远都比强迫的力量更加强大。"

确实，强迫经常不能达到目的。有一句古话说：你无法用一把枪去套住一个男人。当然，这样说可能有些片面，因为你也无法用一把枪套住一个女人。它的意思是，你不能强迫你的妻子或丈夫去做什么事情。如果你不在乎什么影响，比如给你们的家庭带来裂痕，那么我无话可说。

不久前，我跟一位大企业的总裁单独进行了一次交谈。他是一位年轻的成功人士，因为工作十分出色，他的相片经常出现在美国各大报纸显要的版面上。一开始交谈的时候，他一直非常兴奋，但是当我们谈到他那位美丽的妻子的时候，他却开始愁眉苦脸、唉声叹气。

"唉！"这位总裁先生说道，"我的妻子总是不理解我。我给了她需要的一切东西，希望她能够变得更加有教养和有素质，但是她非但不感激我，还好像对我的行为十分不满。"

"你是怎么做的呢？"我问他。

"哦，"总裁回答道，"我想送她去纽约大学念书——我认为这是她急需做的事情。我打算送她去那里读一年书，然后跟我一起管理公司。"

据我了解，他本人受教育程度很高，精通企业管理的知识，更加重要的是，他对这项工作十分感兴趣。但是我并不知道他是否确定他的妻子也跟他一样对企业管理有很浓的兴趣。我向他问起了这个问题。

"毫无疑问，"这位先生非常肯定地说，"她既然跟我结了婚，并且和我一起生活了将近 5 年，她怎么会对这些不感兴趣呢？"

我虽然并不能肯定他的判断是错的，但是我知道，他的妻子之所以对他的决定不满意，一定会有兴趣方面的原因。和大多数人一样，这位先生也犯了一个十分容易犯的错误，那就是他仅仅依据对方是他的妻子这个事实，就判定他们有着相同的兴趣和爱好。

因此，他是在强迫他的妻子接受他的建议——这时候似乎变成了一种命令。如果用我以前提到过的道理来分析的话，即使他的妻子原来想听从他，但是当她发现自己是在被命令之后，她也会无意识地产生一种反抗的心理。

这样的道理不一定只有心理学家或婚姻专家才知道。那些过着幸福生活的人们，都懂得这样的道理，他们从不对自己的妻子或丈夫使用强迫性的语言。他们从不说"你应该怎么做"或者"你不应该这么想"，而是用更加巧妙的方式表达自己的观点。

强迫性的语言似乎无时无刻不在上演。大多数人都对他的顾客小心翼翼，生怕说错一个字，但是面对妻子的时候却大吼大叫，像一个暴君一样。他们总是习惯于指使自己亲密的爱人如何去做事、如何去说话。无怪乎迪克斯说："说伤人的话最多的，就是我们的家人，这的确让人吃惊。"奥利弗·哈姆斯在他的《早餐的独裁者》一书中描述的就是这样一种情境。但是哈姆斯本人却并不这样，他从不让妻子看自己的脸色，即便心情不好，他也不迁怒于人。

桃乐斯·迪克斯曾经评论说，有半数以上的婚姻都是失败的。依她看来，婚姻失败的很大一部分原因都与强迫性的语言有关。她提出疑问说：

"让太太们感到疑惑不解的是，既然他们完全可以采用温和的手段取代强迫，为什么他们不能够更加温婉地对待太太们呢？

"男人明明知道，奉承可以使太太不顾一切地去做任何事情：他知道，只要称赞太太管家有方，她就会把自己的最后一分钱都贴补家用；他知道，只要赞美太太穿上去年买的过时的衣服非常漂亮，她就不会去想巴黎的高级时装；他知道，他的亲吻能够让太太宁愿自己的眼睛变瞎、喉咙变哑。这一切方法，太太已经毫无保留地告诉他了，可是他为什么却好像一点儿都不知道呢？"

身为男人，我可以肯定地告诉妻子们，这些方法同样适应于她们。因此，为了家庭的幸福，所有人都应该放弃使用强迫性的语言。

拒绝使用强迫性的语言

■ 尊重对方，这是你能够做到不使用强迫性语言的重要前提之一。要知道，在丈夫和妻子之间，没有人是处于领导地位的。

■　换一种方式表达你的意见，让对方听起来更加容易接受。

■　不要认为你们的冲突是绝对的，实际上，既然你们是夫妻，就没有绝对的冲突。关键是解决冲突的方法要恰当。

■　不要为无谓的小事而大发脾气，不一定非要在小事上争出胜负，那样的蠢事会——至少是细微地——影响你们的感情。

40．用鼓励代替指责和批评

在美国，有一位著名的女士，如被别人戏称为"打岔专家"。在一次宴会上，她的丈夫十分兴奋地跟朋友们谈起了某位将军的事迹。他正说得兴起，没想到这位女士进来插话说："先生，不要再说了，如果你能有他一半的才能，我也就心满意足了。"她就是这样在大庭广众之下给她的丈夫泼冷水，批评她的丈夫的。这当然让人受不了。最后，她的丈夫不得不跟她离了婚。

另外，也有与此相反的例子。俄国女皇凯瑟琳统治着世界上最大的帝国，毫无疑问，她有着至高无上的权力。事实上，她是一个残忍的女人，曾经发动过许多次毫无意义的战争，杀害过许多仇敌。但是她的婚姻生活却很幸福，因为她在家里一直都是十分温和的，她从不疾言厉色地对她的家人进行批评和指责。即便她的家人犯了什么错误，她也会什么都不说，而是微笑着好像什么也没有发生一样。

当珍妮·维茜嫁给杰姆斯·克力尔的时候，许多人嘲笑这是一桩极不协调的婚姻，甚至有人说，这简直就是"鲜花插在牛粪上"。维茜是一个非常漂亮并且拥有大量财产的女孩，而她的丈夫却是一个不名一文的家伙，并且看不出有什么前途——所有人都知道他粗鲁、愚蠢而且没有教养。

维茜却不顾一切地爱上了克力尔，认为她的丈夫是当代少见的天才诗人。她几乎放弃了自己以前的全部生活，陪她的丈夫住到了乡下，一心一意地在生活上照顾丈夫。她成为一个完全称职的家庭主妇，缝衣做饭、悉心照顾有胃病的丈夫、驱散他心中的抑郁。她坚信自己的丈夫能够成功，而且总是鼓励他去做自己想做的事情。

"我从不去指责和批评他什么，"维茜在她的一封信中说，"包括他的粗鲁和没教养。正好相反，我认为这都是他的个性，而我爱的是他的全部。为什么一定要把每个人都变成同样的模型呢？我总是在帮助他，这一点他一直很感激我。"

结果如何呢？克力尔最后成为爱丁堡大学的校长，他的《法国大革命》、《克莱沃尔的一生》成为名著，而他们夫妻在顿查尔的住所成了有名的文化聚会的场所。

我的一位朋友的妻子总是嘲笑他的每一份工作。一开始，他找了一份推销的工作，由于是新手，他的业绩不是很好。每次当他到家的时候，他的妻子总是对他说："我的天才推销家，今天是不是又成交了好多笔买卖？但是，我怎么没有看到你带回家的佣金呢？看你的脸，不会是又被经理臭骂了一顿吧？"

这种愚蠢的嘲笑持续了很多年。不过，我的这位朋友一直没有放弃当初的那份工作。如今，他已经是那家全国有名的公司的经理了。他和他原来的妻子离婚了，现在的妻子很年轻，经常鼓励他、给他支持。而他的前任妻子却好像很无辜，她对别人说："他怎么能这么对待我呢？他穷苦的时候是我陪伴他的，但是他现在却离开了我，找了一个更加漂亮和年轻的女人。"

有什么不可以理解的呢？

你为什么不能容忍你的丈夫有一些缺点，而经常对其进行指责和批评呢？当他犯了一个错误的时候——不管他是有意的还是无意的——你为什么都要批评他呢？你应该做的是慷慨地原谅他。当你告诉你的丈夫，说他在某件事情上的做法真是愚蠢透顶，在这方面一点儿天分也没有的时候，那么就已经扼杀了他改变的动力和希望。批评和指责解决不了问题，它们只会使事情变得更加糟糕。社会学家一再告诫我们：批评和指责只会使家庭不和谐，使婚姻破裂。

如果我们换一种方式，即对他进行鼓励，那么情况就变得好多了。作为家人，你应该相信他有能力做好这件事情，这样他才会调动全部的积极性，投入到这件事情中去。

我上文提到的桃乐斯，她的丈夫罗伯·杜培雷一直想做一个保险行业的推销员，但当他在1947年开始真正从事这一行业的时候，却一次也没有成功过。一天，他决定放弃这份工作了。

"我完全失败了，"他对他的妻子说，"也许我本来就不适合这份工作。我一开始的选择就是错误的。"

也许一般的人会用批评来使罗伯改变主意，但是桃乐斯知道这是一种愚蠢的做法。她坚定地告诉罗伯，这只是暂时的失败而已。她鼓励他说："不用担心，罗伯，我相信你一定会成功的。"接着，桃乐斯指出了罗伯的一些连他自己都不知道的才华，说正是这些才华能够确保他取得成功。

后来，罗伯找到了另外一份推销的工作，可是他仍旧一次一次地失败。如果不是桃乐斯的鼓励和支持，他早就放弃了再试一次的想法了。桃乐斯不断鼓励他说："再试一次，也许你就成功了。你要知道，你有这个能力。"

"我觉得我不能辜负她的信任，"罗伯在一封信里说道，"她成功地在我身上建立了她的自信，而我正是依靠这种自信建立起自己的信心的。这就是我前进的动力。"

我们相信罗伯终有一天会取得成功的，因为对于目标而言，只要自己想要达到，最终就会达到。像这种家人面对失败而灰心丧气的例子不胜枚举，这时候只有鼓励才对他有作用，而批评和指责，只会导致非常糟糕的结果。

法国著名的科幻小说家儒勒·凡尔纳在未成名的时候，像处于这个阶段的大多数人一样，投出的稿子无一例外地被退回了。他气得打算把所有的稿件都一把火烧光，所幸稿件被他的妻子夺了过去。妻子对他说："亲爱的，你写得棒极了！我相信你一定会成功的，再试一次吧！"他又试了一次，结果果然被采纳了，并且正是这部书稿的出版使他一举成名。

如果你想改变你的丈夫或者妻子的某个缺点，你也应该用鼓励的办法。我们很多可爱的女士都会花时间打扮自己，让人看起来非常喜欢，但是约翰的妻子却是一个例外。她似乎没有打扮的习惯，只是有时候心血来潮了才打扮一下自己。我并不是说不打扮就一定不好，但是对约翰的妻子而言却正是这样。她不打扮，只是因为她有一个很漂亮的姐姐。每当别人劝她打扮的时候，她经常回敬道："不用你管，我再怎么打扮也不如我姐姐。"

她根本就认为自己不适合打扮，所以她并非不爱打扮，而是自卑的心理在作怪。约翰深知这一点，但是他并不像其他人那样，直接指出她不爱打扮的毛病，而是当妻子不打扮的时候，他就一声不吭；当她偶尔打扮了一次，他就用真诚的赞美去打动她："你真漂亮！"慢慢地，妻子对自己的容貌产生了自信，也经常打扮起来了。

不要批评和指责你的丈夫或妻子，改用鼓励的方法，也许对方会更加乐意改变自己。

用鼓励代替指责和批评

□ 批评和指责只会使你的妻子或丈夫生气，而不会使他（她）听从你的意见。

□ 不要用傲慢的语气指挥他应该怎么做，最好的办法是让他自己愿意这么去做，而鼓励就是这样的一种好办法。

□ 当你的爱人失败的时候，他（她）需要的不是你的指责和批评，而是你的鼓励和你给予的信心。

41. 经常谈心可以滋养婚姻

加拿大安大略的杰克·杜蒙先生曾经给我寄了一封信，对我说了一些他对婚姻生活的感悟。他在信中说道：

"我好不容易娶了一位理想中的妻子，她聪明、美丽而且温柔，可以说是完美女人的化身。结婚之后，为了使我们的家庭更加幸福，我开始把几乎全部的精力放在了我的工作上，所以事实上把维持婚姻和家庭幸福的任务全部交给了我的妻子。

"一开始，我并没有觉得有什么不妥，只是开始感到我的家庭生活并不像想象中那么幸福。妻子常常跟我吵架，但是用不了几个小时，我们就会和好。对这样的事情，我并没有放在心上。但是有一天，我的刚满 4 岁的儿子突然对我说：'爸爸，你不喜欢妈妈吗？我觉得她很好啊！'他那么说好像我是一个大坏蛋似的。他的话让我突然体会到'妈妈'这个词的分量，然后我也体会到她作为'妻子'的分量。我当然是很爱我的妻子的。她一直默默无闻地为我们这个家做着很多事情，而我却没有任何表示。每天回家之后，我吃着她精心做的可口的晚餐，把一天的疲倦都驱散掉；第二天又穿着她洗烫好的衣服，精神抖擞地去上班。我觉得这一切都是应该的，一切都很自然。

"可能在我妻子的心里，在某些时候，也会有和我儿子一样的想法：'难道杰克不再爱我了吗？难道我做错了什么吗？'她会产生这些想法，都是我的过错。我虽然是爱她的，但是我却不能原谅自己。在过去的 5 年里，她从没有体会到什么是幸福的家庭生活。

"于是我找了一个合适的机会，邀请我的妻子参加只有我们俩的约会，并且跟她谈了一次心。我非常郑重地告诉她，我很爱她，就像以前一样，但是我在之前却做了许多傻事，并请求她的原谅。我的妻子原谅了我，她也把自己的一些想法告诉了我。她的想法原来跟我料想的一样，她的确存在过我不再爱她的疑虑。她对我说，作为一个妻子，她却不能完全了解和信任她的丈夫，这使她十分愧疚。

"那次谈话之后，我们的婚姻生活发生了明显的变化，我的妻子显得比以前快乐多了。因此，以后我又经常找时间跟我的妻子谈心——每个星期至少一次。谈心确实使我们的婚姻保持了活力，我们现在跟刚结婚的时候是一样的。"

的确如此。结婚并不只是意味着相互交换戒指，而是要让对方知道，你是多么愿意跟他（她）生活在一起。许多先生和太太感到疑惑：为什么婚前那么相爱的两个人，在婚后却显得那么陌生，或者只是像一对朋友一样，完全不再有情爱的表示。当他们完成结婚的仪式之后，他们甚至不再有正式的交谈。

而当他们对某件事情的意见发生分歧的时候，他们经常会把它藏在心里，躲在角落里生闷气，抱怨怎么遇到了这样一个不好相处的配偶——他们不大喜欢或者不好意思把自己的心里话说出来。

结果如何？很多婚姻的破裂，正是那些琐碎的小事导致的，而不是那些触礁般的大事件。而这正是因为没有沟通的缘故。想想看，如果你能够适时地把自己内心的想法跟对方说出来，难道还会有什么不可解决的问题吗？

因此，婚姻专家给我们的建议是：与你的配偶谈心——就像杜蒙那样。

"他不爱我"、"她一点儿都不理解我"，这样的话我们几乎天天都可以听到。问题在哪里呢？难道真的是对方变心了吗？难道对方真的那么不负责任——在结婚的时候，对一个以后一辈子都要生活在一起的人轻易地就进行了幸福的许诺吗？

事实当然不是这么简单。我并不打算否认存在这方面的原因，但是我仍然相信主要原因不在这里。既然两个人能够结婚，那么就应该不存在不可以解决的矛盾和冲突。问题的关键在于他们缺少沟通。

相对来说，大部分的男人更会存在这方面的问题，他们都像杜蒙先生一样。他们向人们解释说："我每天花 10 个小时上班，每天筋疲力尽，什么都不想说，什么都不想做。至于家庭的事情，就交给我的妻子来处理好了。"

有关的调查统计显示，结婚后的男人每天对妻子说的话一般不会超过2000 个单词。相对于男人平均每天说 15000 个单词来说，这个数字低得让男人们难以置信，但是相信女人们应该不会感到惊讶。男人的话对顾客、上司、下属和朋友们都讲完了，回到家里好像就无话可讲了。

如果这种行为可以原谅的话，那么下面的这一种行为就不可以原谅了。当他明明知道自己可能被妻子误解为"不爱我了"或者"有外遇"的时候，他依旧缄口不语。他并没有想到要解释什么，好像也没有想到这种猜测可能导致的后果。

让我们来想象一下没有进行及时和足够沟通的婚姻破灭的轨迹：忙碌于工作的男人认为自己最大的责任是为家庭提供足够的物质保障，因此没有时间和精力给予妻子关心，而此时的女人则需要得到这些。当她不能被满足时，常常会感到自己很寂寞、被忽视、被欺骗了，于是她开始抱怨，并且开始进行种种无理的猜测。这导致了夫妻关系的疏远。

男人仍旧没有注意到这一点。一开始，女人会耐心地去试图理解、引导他；但当女人打算主动跟他谈心的时候，男人却一点儿都不重视。于是，这种难以忍受的、如同寡居的生活使女人越来越容易怀疑和猜测。

女人想要挽救似乎要破裂的婚姻。于是她产生了一种焦虑的感觉，并且为此而苦恼。她开始找机会刺激他，使他尴尬、发怒，这更加加深了女人的焦虑。就在这时候，发生了一件小事，他们发生了争执，女人开始借题发挥，而男人本性难移，依然忽视这种矛盾。男人认为女人是在无理取闹，一点儿都不理解自己的辛苦；认为她生性尖刻、泼辣，也许他们本来就不适合在一起。女人认为男人既然这么不重视她，于是就提出了离婚。

毫无疑问，这样的发展轨迹符合大多数情况。多么可怕！而这一切的原因仅仅是没有进行及时、有效的沟通。

因此，如果你认为存在这种危险的话，请多与你的妻子或丈夫谈心——把你心里的想法告诉对方，这样就会好起来的。

多与配偶谈心

□ 保证足够、及时地沟通，使你们清楚彼此心里的真实想法，这样会保证你们的婚姻幸福不衰。

□ 当你感到对方误解自己的时候，不要愚蠢地窝在心里——把它讲出来，我敢保证，对方会理解你的。

□ 让你们的谈心充满活力。不过，当你说出你的想法的时候，也不要让对方误解你是在开玩笑。

42. 别动不动以离婚相威胁

"我们离婚吧！"这句话没有人喜欢听，当然也没有人乐意把它说出来。可以说——如果不怕过于偏激的话，在所有的、形形色色的夫妻之间的矛盾和冲突之中，只有离婚这个要求显得比较过分，而且比较棘手。听到这个词的时候，人们就会像一个被告被法庭宣判了死刑一样感到害怕。我所说的恐怕大多数人都会同意。

但是请注意，我所指的是庄重的宣告，而不是那种开玩笑的话。因为所有有威力的话如果变成了一句玩笑，就跟"你好"这样的词语一样平常，也就失去了它原来的意义。遗憾的是，好像有不少人经常拿它来开玩笑，至少并不是以严肃的态度来对待它。

东方有这样一个古老的故事：一个男孩在村庄的外面放羊，他觉得放羊没什么意思，想找点儿乐子，于是他喊道："狼来了！"村庄里的人们以为真的是狼来了，于是都拿着武器来救援男孩和他的羊。等他们气喘吁吁地赶到的时候，男孩乐得手舞足蹈，告诉人们这只是他在开玩笑而已。第二天，他又一次喊道："狼来了！" 那群善良的人们有的将信将疑，有的认为男孩已经骗过大家一次了，应该不会骗第二次了，于是大部分人又都赶去救那个男孩和他的羊，谁知他们又一次被告知上当了。第三天，那个男孩又对着村庄喊："狼来了！"——这次狼真的来了。但是人们还会相信他吗？人们连上了两次当，都不愿意上第三次当了。结果，那个男孩和他的羊都被狼给吃了。

这个故事是想告诉人们：不可说谎。但是我想说，不要拿本来应该认真的事情开玩笑。如果把"狼来了"比做"我要跟你离婚"的警告的话，那么善良的人们就是被这句话欺骗的人。他们一开始以为这句话是很有分量的、严肃的，但是当他们屡次上当之后，会发现这原来不过是一句玩笑话，结果就会一直把它当成是一句玩笑。的确，我们都需要幽默，但是这种"黑色幽默"还是少来点儿为妙。

当然，一般的人还是不会经常用它来开玩笑的。但是据我观察，最近越来越多的丈夫或妻子对他们的配偶滥用了这句话。他们动不动就会以离婚威胁对方，以达到改变对方或者使对方听自己摆布的目的。他们天真地以为，所有事情都可以用这种有攻击力的谈话来解决。

"如果他爱我，他会愿意为我改变的。"许多在口头上说离婚的人经常这么想。他们期望这种有分量的条件能够换来对方的改变；而如果对方在这种情况下都不能改变，那么他们就会把这张支票兑现——采取行动，也就是离婚。他们把离婚当成了婚姻的"试金石"。不幸的是，这样的试金石往往并不灵验。

最近，卡耐基口才训练班的一个学员维萨收到了这样一封信，信是跟他结婚已10年的妻子写来的。

"我之所以给你写这封信，是因为我讲的话你已经听不进去了。事实上，我已经警告过你很多次，我打算跟你离婚，但是你好像以为这只是我在威胁你或者强迫你。现在，我必须说，除非你能够拿出点儿行动来，否则我将马上将它变成事实。"

维萨在我看这封信的时候十分紧张，但是当我看完之后，他仍旧问我："卡耐基先生，你认为我妻子说的会是真的吗？"

我为这样的问题所困，感到难以回答他，因为答案只有他自己能够给出。当一封措辞这样激烈的信出现在他的面前，他居然还怀疑是不是真的。出现这种情况可以有两个解释：一个是维萨愚蠢之极——这一点，我可以非常有把握地予以否认；第二个就是确实如信中所言，他的妻子已经过多地用这个方法对他进行威胁了，从而让他仍旧以为这只是威胁而已。

果然，在接下来的谈话中，我了解到，维萨的妻子已经数次用严肃的语气对他说："如果你还不改正，那么我将和你离婚。"——而且有好几次情况似乎比这次更加严重，那时候他以为妻子已经打定主意了。维萨对我说，他确实很想改正自己的缺点，但是他并不相信他的妻子会跟他离婚。

他每次都是带着将信将疑的态度去看待这样的警告的，但是这次的结果却出乎他的意料之外——他并没有像往常那样幸运。最后，他的妻子果真跟他离了婚。

维萨对此后悔不已。他像许多男人一样，抱怨妻子离开自己的时候毫无征兆，让他觉得太突然了。当妻子对他说要离婚之后，他以为这只是她的一种威胁而已，或者说，这只是她的一种策略。他每次都想，事情并没有糟糕到无法挽回的地步。

我并不想说这件事情的全部责任在于维萨的妻子，但是毫无疑问，她确实应该负很大一部分责任。"离婚"这个词过多地出现在她的口头上，于是就变成了仅仅是一种威胁。而我们应该知道，离婚应该是婚姻到了无法挽救的时候得出的结论性的东西，而绝不应该是一种条件。

许多人在说出"离婚"这个词的时候同时也会有"也许我们总会解决的"、"他最终会改变的"、"可能是我一时冲动"等等一类的想法，他们其实并不想真正地采取行动，或者说他们并没有完全死心。他们说这话的时候的确很气愤，并且真的有这样的想法，但是随着时间的慢慢推移，这种想法会渐渐淡化、消失。这可能可以解释为什么说"离婚"在事实上成为一种条件。

那么，当你没有确定无疑的把握的时候，不要把这个词说出来。离婚应该成为你的底线，而不是可以宽容的条件，也不是筹码。只有当婚姻处于完全破裂的时候，你才能说："让我们离婚吧！"

不要用离婚威胁对方

■　不要把离婚当成是一种条件、筹码或者灵丹妙药。在这种时候，它更多的是婚姻的刽子手和毒药。

■　如果你真的希望对方改变，用离婚相威胁并不是一个很好的办法。正相反，这种方法很愚蠢。你完全可以用其他的更加有效的方法去改变对方。

■　也有这样一种可能：当你随意说出要离婚的时候，对方却当真了，这时候你后悔都来不及。

■　如果他不想跟你离婚，他就会为你而改变——这只是你一厢情愿的想法；他会这么想：既然她因为我的这点小缺点要跟我离婚，那么她就是不爱我了。这样你就弄巧成拙了。

43. 让气氛好起来

在公园里，两个小孩子正在一起玩耍。突然，其中一个小孩因为对方没有给他机会荡秋千大叫了起来："我讨厌你！我再也不会跟你玩了！"他果然一边说一边就跑开了。但是过了一会儿之后，他们又凑在一起玩起堆沙丘的游戏来了，好像什么事情都没有发生过一样。

孩子们是怎么做到这一点的呢？之前他们看起来还好像是死敌，为什么转眼之间就变得这么亲密了呢？道理其实很简单：他们认为快乐比一切都重要。

在追求快乐和幸福的问题上，小孩子好像比我们更加擅长。我们成人似乎更加愿意用正确与否来作为参考，快乐和幸福已经退居其次了。我们似乎忘记了我们建立家庭就是为了得到幸福，而不是分出谁对谁错。几乎每天，你和你的妻子或丈夫都会为某一个重要或不甚重要的问题而争论，都会因为一时的冲动而说错话，从而把辛辛苦苦营造的和谐气氛破坏掉。我们遗憾地发现，再好的婚姻也会有摩擦，这似乎是不可避免的。

因此，当你在与妻子或丈夫讨论问题的时候，请随时注意你们的谈话气氛。我的一个朋友莎丽在跟我谈起这个话题的时候深有感触。像大多数妻子一样，她每天都要对布鲁克林说一些类似的话：

"你系的这条领带真是糟糕透了。我给你买的那条呢？""你今天又回来得很晚，是不是公司有什么事？"

布鲁克林对这些话的反应在不同的时候会截然不同。当他心情很好的时候，他会非常高兴地接受莎丽话里的一些正确的东西，而并不在意她表现出的不满。莎丽总是埋怨布鲁克林回家太晚，可是布鲁克林却总能想办法使他的妻子的烦恼一扫而空。这种气氛当然是最好的，随便她说什么，布鲁克林都不会生气。

但是当他心情不好的时候，情况将会变得十分糟糕。他会对莎丽吼道："我就是喜欢这条领带！"或者强压住内心的愤怒，一言不发地倒在床上。这时候，无论她说什么，他的态度都会十分地蛮横，甚至避免谈任何事情。

心理学家告诉我们，当我们处在气愤的情绪中时，我们不会注意到自己有什么过错，而只会把和解的途径建立在对方的改变之上。我们不会再心平气和地倾听对方的谈话，主动解决问题的动力也会减少。这样，即使让两个人待在一个房间里都是很困难的，所有问题都得不到解决，甚至会越闹越大。

奥古斯丁和玛丽的婚姻可以给我们一定的启示。玛丽希望奥古斯丁每天能够多花点儿时间在家，可是她不知道该怎么和奥古斯丁说，因为他赚的钱比玛丽多了许多倍；并且她也知道，他很爱这个家庭，他的工作确实很忙，几乎抽不出什么时间。

虽然玛丽没有把这个要求提出来，但是她却希望奥古斯丁自己能够意识到这一点。而奥古斯丁根本就没有时间和精力来考虑这些事情。因此，他们的关系变得越来越糟糕。他们俩很难看到对方的一张笑脸，甚至不能坐下来好好谈谈，因为只要一坐下来，气氛就好像会立刻凝固起来。

他们之间的冷漠气氛一直持续了5年——以他们的离婚而告终。看起来不可思议，是吗？他们完全能够解决这个问题的，何至于搞得婚姻破裂？玛丽本来可以建议把家庭开支缩减，这样就可以免去奥古斯丁一些工作上的压力，从而使他有更多的时间待在家里。但是她却没有这么做。

原因当然并不那么简单，但是气氛是一个重要的因素。那样压抑的气氛使两个人都难以启齿，也是这样的气氛使得两个人都无法忍受，所以他们不得不使婚姻以失败而告终。

家庭气氛确实不容小视。因此，尽量不要做那些会让气氛变得糟糕的事情。当你发现气氛不那么融洽的时候，你不妨先平静下来，想一想对方应该有对的地方，或者换一种方法去说服她。千万不要让对方认为你好像跟她有不可调和的矛盾一样，这样会让她更加坚持自己的观点，而不是让步。

采取行动，使气氛好起来。我的一个朋友非常善于处理这样的问题。一次，他和妻子为究竟是买吉普车还是小型货车而发生了分歧：他认为，买吉普车的话，周末度假将会变得更加容易，但是妻子却认为小型货车更加实惠。正当他们好像要破坏一直以来的和谐气氛的时候，他伸出了他的舌头，模仿起了他们才5岁的儿子。妻子看到这种情景，不禁哑然失笑。紧张的气氛于是缓解了下来。接着，他心平气和地跟妻子解释为什么吉普车更加适合他们，而妻子最终也同意了他的意见。

还有一个很好的办法，那就是紧急叫停。当你发现事情已经朝着自己不可控制的方向发展的时候，应该及时地停止你们的争论。不要让你们不愉快的谈话继续下去，它会像恶魔般伤害你们之间的感情。

如果你们的确已经把气氛弄得很糟糕了，那么想办法进行挽救。你可以采用各种各样的方式，关键是你打算怎么去做。我和我的妻子之间经常会产生摩擦，但是我们绝不让这种不愉快的气氛超过两个小时。在这种情况下，我通常会对我的妻子说："请原谅，我刚才做得实在是太愚蠢了，我的压力可能太大了。让我们和好如初吧！"然后给她一个热情的吻。而她也会说："都是我不好，就让我们忘了它吧！"这样，气氛就会再度好起来。

在所有家庭中，最常见的也是很愚蠢的一个做法是，大家都执行"冷战政策"。这时候，家庭的气氛是尴尬的。表面上，他们似乎想让时间来医治创伤；其实，这只是他们懒惰和不负责任的表现。你不可能依靠时间或其他类似的方式来维持、修复和增进感情，除了主动做点什么。

改善家庭气氛

- □ 创造一个温馨、平和的家庭气氛，并且努力维持它。
- □ 当你要发表意见的时候，考虑当时谈话的气氛。
- □ 不要使气氛变得糟糕，当气氛变得糟糕的时候，想办法让它好起来。

44. 教育孩子以理服人

我的卡耐基口才训练班上有一名来自俄亥俄州克力夫兰市的叫使丹·诺瓦克的学员，他跟大家讲了这样一件事情：

诺瓦克的小儿子吉米不愿意被送到幼儿园去，所以坐在客厅里又吵又闹。这让诺瓦克十分恼火，他很想把吉米赶到房里，然后狠狠地骂吉米一顿，并且命令吉米一定要去。但是他转念一想，靠威胁的办法可能并不能让吉米去幼儿园，而且吉米即使去了，也不会高兴。于是他想要用更好的办法做到这一点。

诺瓦克想出了一个好办法。吃完晚饭后，他和妻子以及大儿子一起在厨房里用手指画画，尽量让吉米以为画画是一件十分快乐的事情。果然，不一会儿，吉米也想加入进来。

"不行，"诺瓦克说，"如果你想要跟我一起画画的话，首先要学会画画。"

"哪里可以让我学会画画呢？"吉米问道。

"幼儿园里面可以。"诺瓦克回答道。然后他又对吉米讲起幼儿园里面可以学到的其他各种有趣的东西，告诉吉米幼儿园的生活是多么快乐。吉米一下子就对幼儿园的生活充满了憧憬，并且改变了自己的主意。第二天早上，当诺瓦克起床后准备去厨房做早餐的时候，发现吉米躺在客厅里的沙发上。诺瓦克很奇怪，问他为什么会睡在沙发上。

"我要去幼儿园了，"吉米回答道，"睡在这里，就不会迟到了。"

诺瓦克为我们教育自己的儿女提供了一个非常好的方法，那就是用说道理的办法去实现自己的目的。现在有很多父母更加喜欢运用自己的权威，他们似乎更多地用直接的方法。他们粗暴地命令自己的孩子做这做那，要求孩子改变自己的不好的习惯。他们从不考虑儿女们会不会心甘情愿地去做这些事情。

我们喜欢对孩子说："不要吸烟和酗酒！"却从不打算告诉他们吸烟和酗酒的坏处在哪里，以及他们为什么不能这么做。那种"如果你再……我就……"的谈话方式也不是说道理，而是一种赤裸裸的威胁。说道理就是从事情本身出发，说明为什么不能够这么做或者必须这么做的充分的理由。

当小孩要求你给他讲明道理的时候，你可能会认为他所说的东西不值一提，觉得没有必要跟他讲道理。因为你认为只要他能够依照你的话去做，对他就一定会有利。事实可能的确如此：你比你的子女拥有更多的经验、知识，也拥有更缜密的思维和判断力，你说的多半是对的。

我们仍然以一个不愿意上幼儿园的孩子为例——对一个孩子而言，你当然能够使他听从你的意见，因为他反抗的力量的确很小。于是出现了以下的对话：

儿子：我不想去上幼儿园。

父亲：你别无选择，否则你将不会有生日礼物。

儿子：好吧……幼儿园里面有大孩子吗？

父亲：有。

儿子：哦。

父亲一点儿也不在乎儿子的想法，即使儿子在对话中已经给了他一个提示。如果我们能够稍微注意一下孩子的想法，事情可能会好很多。看看下面的对话：

儿子：我不想去上幼儿园。

父亲：为什么呢？幼儿园有很多有趣的事情，你会喜欢上那儿的，而且你可以和许多小朋友一起玩。

儿子：那里有大孩子吗？

父亲：你怕那些大孩子欺负你吗？不会的，他们会像你的哥哥约翰一样照顾你的，而且会教你玩很多你从来没有玩过的游戏。

儿子：真的吗？这真是太好了。

父亲注意到了儿子的想法，从而针对儿子的恐惧进行了说服，使儿子打消了原来的想法。这样，儿子肯定会更加乐意听从他。

我们常常以成人的思维来揣度孩子们的心理，以为一些道理会不讲自明，没有必要多作解释。比起你直接对他说"别在外面过夜"来，"你爸爸出差去了，晚上我一个人感觉怪孤单的，你是不是能够陪我"这样的话显得更加容易让孩子接受。因为你的孩子往往只顾及自己一时的快乐——这当然是可以原谅的——而忽视了你所说的话。如果你不说，他们肯定不知道为什么你要他这么做——他并不是不爱你，而是他不知道怎么爱你。你说"不准看电视"，不如说"看电视对你的成长不会有更多的好处，你应该学会从书本中学习知识"更加让孩子心服口服。因为他们只想到了电视节目的精彩，甚至觉得看电视是一种比看书更加直接和简单有效的方式。

做称职的父母，最根本的原则是尊重孩子。"小孩子觉得没有人爱他，这是少年犯罪的最主要的原因。"纽约市社会问题专家怀特先生这样说道。当然，事情可能并没有这么糟糕，但是这其中确实有很大一部分是父母造成的。作为一个完整的个体，他有自己的思维、感情和尊严，但是这些东西由于他的年幼而显得过于脆弱。如果父母都不能保护他们，不能帮助他们树立自我认同感，那么他们一定是很伤心的。一个人的成长是一个缓慢而艰辛的过程，这一点想必每个人都有切身体会，为什么不对孩子宽容一点儿呢？如果你真是为了孩子的成长考虑，那么就应该用更加正确的方法教育他们。

用道理来说服孩子

■　一个最基本的前提是：尊重你的孩子。不要因为他犯了错误而对他加以否定，你的出发点应该是让他得到提高，因此，最好让他懂得为什么不能再犯这样的错误。不要为做这样的事情而感到不耐烦。

■　不要用成人的思维去要求孩子，正好相反，你最好能够以他的思维、从他的立场出发考虑怎么样才能说服他。

■　积极倾听孩子的解释，理解他的真正意思，然后再去说服他。

■　清楚、诚恳地表达你的观点，不要让孩子以为你已经对他失望了，而是要让他知道为什么错了和该怎么去做。

下 篇
改变自己，改变世界

没有哪个人是天生的演说家，这也说明每个人都可以成为伟大的演说家。要做到这一点，我们需要付出艰苦的努力。从现在开始，改变自己，掌握演讲的方法和技巧，你会发现，世界是可以改变的。

第六章
用演讲征服世界

如果你能够让这个世界所有的人都听到"演讲"这两个字，你就可以感觉到这个世界开始发生微微的颤动——那是人们因紧张而颤抖所造成的。人们羡慕那些用演讲征服世界的人，比如林肯、萧伯纳等著名的演说家，但是人们却一致地认为，自己没有能力像他们那样，至少这辈子已经不可能。

实际上，无论处在何种情况下，绝没有哪个人是天生的演说家。在历史上的有些时期，演讲曾经作为一门精致的艺术，需要遵守严谨的修辞法和采取优雅的演说方式。这种难度使得人们如果想要成为一个出色的大众演说家的话，就需要付出异常艰苦的努力。但是现在，我们却把当众演说看成是一种扩大的交谈。在宴会上、教堂中或看电视、听收音机时，我们希望听到的是率直的言语、依照常理的构思，而不是夸夸其谈的、生硬的演说。

因此，当众演说已不再是一门需要付出像以前那样的努力才能掌握的艺术了。它像平常说话一样轻而易举，只需要遵循一些简单的规则。

45. 当众说话的方法和技巧

国家现金注册公司理事会会长、联合国教科文组织主席艾林在《演讲与领导在事业上的关系》一文中写道："在历史上从事商业的人之中，有相当一部分是凭借当众说话的才能而获得成功的。很多年前，一位当时还只是我们公司堪萨斯州一小分行的主管的小青年，在发表了一场十分精彩的演说之后平步青云，今天已经成为我们公司的副总裁，负责所有业务的拓展。"我恰好知道，这位副总裁现在已经是国家现金注册公司的总裁了。

的确，能够从容不迫地当众发表成功的演说，或者能够在众多人面前侃侃而谈，将使你的前途不可估量。因此，那些想要取得成功的人都会努力让自己当众说话的能力得到提高。

那么，当众说话都有些什么方法和技巧呢？这是一个很难回答的问题。根据多年的经验，我认为，要想取得当众说话的成功，至少应该注意以下三个方面：

选择跟自己有关的题材

一次，卡耐基口才训练班的老师和学生们在芝加哥的康拉德希尔顿饭店座谈。座谈进行的时候，一位学员站了起来，用慷慨激昂的语调当众说道："我认为，自由、平等、博爱是人类最伟大的思想。一旦没有了自由，生命便失去了意义。我们可以试想一下，如果我们的行动处处受到限制，那将是一种多么糟糕的生活！"

大家对他突然发表这样的高论十分惊奇。他的老师在他话还没有说完的时候，就制止了他继续往下说。这位老师问他为什么要谈论这个话题，为什么会有这样的结论，能不能就这个话题谈一下他的切身感受。

于是，这位学生说了一个惊心动魄的故事。他曾经是法国的一名地下工作者，亲身经历了纳粹党的严酷统治。他和他的家人，曾经遭到纳粹党的迫害和凌辱。他们十分惊险地逃过了纳粹党秘密警察的追杀，在历尽千辛万苦后终于到了美国。最后他说：

"今天，我自由地从密歇根大街来到这家饭店，大摇大摆地从一个警察身边走过。当我到达酒店的时候，并没有被要求出示身份证明。等座谈结束的时候，我可以去任何我想去的地方。因此，请大家相信，自由是值得争取的。"他的话引起了一阵雷鸣般的掌声。

毫无疑问，这位学员能够把这样空洞、严肃的话题讲得如此吸引人，是因为他加入了自己的真实经历。的确，如果你想要取得当众说话的成功的话，最好的说话题材是你自己的亲身经历。假使你亲身经历过一件事，或者你经过思考之后，使它成为你的一部分，可以肯定这个话题是适合你的。你可以回忆过去，从自己的经历中寻找有意义、给你留下了深刻印象的事情。它们可以是个人的成长历程、个人的奋斗故事、个人爱好、专门领域的知识、不同寻常的经历，或者是个人信仰和信念。我几年前进行过一项调查，发现上述与某些特定的个人背景有关的话题是听众最欣赏的题目，从而对听众也最有吸引力。

如果你在讲话中阐明了生命对你的启示，我想你会拥有很多的听众。当然，这个观点并不是那么容易就会被说话者们接受的；正好相反，他们往往会回避个人的经验，因为这些东西太琐碎和狭隘了。他们喜欢讲一些一般性的概念或哲理。实际上，这些东西更加不容易让人接受。人们喜欢新闻，可是你拿出社论来给他们看，他们怎么会喜欢呢？即使人们喜欢社论，也不应该由你来讲，他们会去请一个记者来讲。因此，如果可能的话，你还是谈谈生命对你的启示吧！只要讲得好，听众会很喜欢你的。

你千万不要以为这些话题太个人化了，或者太轻微了，听众不会喜欢听。事实上，正是这样的话题才能使听众感到快乐，让大家感动。

对话题充满激情

当然，并不是所有你有资格谈论的话题都一定能够吸引听众。比如，我是一个天天干家务的勤劳的男人，我当然有资格谈论拖地的事情。可是，我对拖地并没有热情，事实上我根本不愿提它，我能把这个话题讲好吗？但是，当一些家庭主妇来谈论这个话题的时候，她们似乎对之有无穷的兴趣，在说起这个话题时也十分投入，充满了激情。所以她们会说得十分精彩。

记得 1926 年，我参加了日内瓦国际联盟第 7 次会议。一开始的几个演讲者使会议变得死气沉沉，他们几乎就是在读他们自己的演讲稿。接着，由加拿大乔治·佛斯坦爵士上台演讲，他并没有带任何手稿和纸条。他在整个演讲过程中充满了激情，经常使用各种手势，看起来非常诚挚。看得出来，他投入到自己所述说的内容当中去了。他诚心诚意地表达了自己的观点，并且希望听众也能相信他。他把这些信息表达得非常清晰和明确。

这就是非常有感染力的演说，因为演讲者本身就对演讲充满了激情。而那些对自己的演讲没有多大热情的人，看起来总是不那么可信。

弗胜·J.辛主教是美国著名的演说家之一，他的演说极具震撼力。可是，一开始他并没有明白这个道理。

弗胜·J.辛主教在他的《此生不疲》中记述了他的改变。当他在读书的时候，他有幸成为学院辩论队的队员。但是有一天，他们的辩论教授把他叫到了自己的办公室，狠狠地批评了他一顿。

"你真是差劲！"那位教授毫不留情地说，"从没有一个人像你这样发表自己的意见。"

他指的是弗胜不久前发表的一次演说。弗胜正想解释，这时，教授要求他照着那段演说词重新讲一遍。弗胜照着做了，这花了他差不多一个小时的时间。教授问他：

"你现在知道为什么这么差劲了吗？"

弗胜一下子并没有领悟过来。于是，教授更加恼火，对弗胜说："你再复述一遍！"弗胜不得已，又照着原稿复述了一个小时，最后，他都已经筋疲力尽了。教授问他："现在知道了吧？"弗胜说："是的。"

这两个半小时的谈话让弗胜印象深刻，他把自己悟出的道理铭记在心。这个道理就是：把自己融入演讲之中。

所以，在你打算进行当众说话之前，最好先确认自己对所讲的内容充满激情。如果你不能做到这一点，那么最好是换个能够让你有激情的题材。

与听众共鸣

我们知道，演讲由演讲者、演讲内容和听众三个要素构成。前面介绍的两个方法，讨论了演讲者和演讲内容之间的关系。但是，只有当演讲者把自己的演讲和听众联系起来的时候，演讲才算真正完成，这也就是说我们要注意与听众共鸣。

　　高明的演讲者总是热切地希望听众能同意他的观点，能和他产生同样的感觉；他不仅希望自己热情，也希望把这种热情传达给听众。这就是共鸣。他的演讲绝不会以自我为中心，而会以听众为中心。因为他知道，他的演讲成功与否，归根到底不是由他决定的，而是由听众的头脑和心灵决定的。

　　这个道理听起来似乎很简单，但是实行起来却很难。在推行节俭活动的时候，我曾经对美国银行学会纽约分会的部分职员进行演讲训练。其中有一位学员遇到了困难：他发现无论自己怎么努力，都无法调动听众的积极性，也无法与听众沟通。我对他说，纽约85%的过世的人，身后都没有留下分文给他们的家人；只有3.3%的人留下了1万美元或者更多。因此，他所讲的内容是帮助听众进行准备，以便他们能够老来衣食无忧，并且留给妻儿安全的保障。他所要做的事情是，让听众知道他所说的东西对他们确实很有帮助。

　　他对此进行了深入而细致的思考，终于认识到了与听众共鸣的重要性。于是，当他在演讲的时候，他尽量找到听众感兴趣的东西，并且与他们就这方面进行积极的沟通。这样，他最后终于取得了成功。

　　以上三个方法是非常基本的方法，它们确实能够帮助我们更好地当众说话。

如何当众说话

　　■　选择合适的说话题材——最好是跟自己有关的题材。这样才能深入、形象地谈论你所说的话题，并且融入你的说话当中。

　　■　充满激情地当众说话。让你的听众看到你对所说的内容充满兴趣和信心，只有这样，他们才可能被你打动。

　　■　与听众共鸣。不要让听众以为你在自言自语，并且你说的东西跟他们没有任何关系，千万不要忘记听众的存在。

　　■　练习你的说话技能。切记，没有一种理论可以脱离你自己的实践，那些具体的方法，应该在你自己的经验中获得。

46. 如何克服怯场

在一次卡耐基口才训练班的毕业聚会上，有一个毕业生面对着许多人，坦诚地对我说：

"卡耐基先生，五年前，我来到了你举办演讲的饭店门口。当时我知道，只要一参加卡耐基口才训练班，就迟早要当众演讲。因此，我的手僵在门把上，却不敢推门进去。最后，我只好转身离开了。如果当时我知道你能让我轻易地克服恐惧——克服那种让我一面对听众就瘫倒的恐惧的话，我就不会白白浪费这五年宝贵的时间了。"

我看得出来，他说这番话的时候显得格外轻松和自信。这个人一定能凭借他学到的演讲能力和自信力，提高自己处理各种事务的能力。我非常高兴他能勇敢地面对"恐惧"这个让无数人头痛的大敌，并且最终战胜了它。

不用多说，"怯场"这个词本身就会让我们紧张。当你在演讲之前，发觉自己心跳加剧、颤抖、流汗、口干舌燥的时候，这表明你已经开始怯场——当然，还会有其他的症状。一位女士在一个房间里发现一位男士在走来走去，并且不断地自言自语。女士问他："你在做什么？"男士回答："我将要在一个宴会上发言，现在还差十分钟。"女士又问："你总是这样紧张吗？"男士说："我并不紧张。难道你觉得我很紧张吗？"女士说："你在走来走去，并且自言自语。最关键的问题是，你现在在女洗手间里。"

上面这个故事可能有些夸张了，但是的确有人经常告诉我们：大多数人认为当着众人说话比死还可怕。但对我来说，我并不相信怯场是不治之症——至少我们能够缓解怯场带来的压力。1912年我开始授课时，还不知道我的课程能帮助人们减轻恐惧和自卑感。随着研究的深入，我发现演讲实际上是一种自然的表现，学会它可以帮助人们减轻不安之感，从而鼓起勇气、建立自信。因此，我决定终生致力于帮助人们在当众说话上消除这种可怕的威胁。

　　我在前面已经讲过树立成功的信念的重要性。你要记住，你必须成功，也必定能够成功。另外，我还提到积极的心理暗示、借助别人的经验等等，这些方法对克服怯场也有很大的帮助。这里，我不打算再详细地进行解释。以下是可以采用的克服怯场的另外几个方法：

借助自己成功的经验

　　鲁滨孙教授在他的《思想的起源》一书中说："恐惧产生于无知和不确定。"确实，对大部分人来说，他们害怕当众说话主要是因为不习惯、因为当众说话的不确定性，所以产生了焦虑和恐惧。特别是对新手来说，要面对许多相对来说更加复杂而陌生的环境，这比学网球或开汽车明显要困难很多。因此，只有通过不断的练习，才能把这种不确定因素变为确定因素，从而使自己感到轻松自在。只要有了成功的经验，当众说话就不再是一种痛苦，而是一种快乐了。

　　以下这个故事正好能说明这一点。我国杰出的演讲家、著名的心理学家艾伯特·爱德华·威格恩在他读中学时，曾被老师要求作一次5分钟的演讲。在即将演讲的那段时间里，爱德华一想到自己要当着那么多同学的面演讲，心里就十分恐惧。他详细地描述道：

　　"演讲的日子就要来了，我却病倒了。每次一想到那件可怕的事情，我就头昏脑涨、脸颊发热。我只好跑到学校后面，把脸贴在冰凉的墙面上，好让脸色不再发红。

　　"在读大学的时候，我也是这样。有一次，我好不容易背下了一篇演讲词的开头，但是当我面对听众的时候，脑袋里突然"嗡"地响了一下，然后就一片空白了。后来，我又勉强挤出一句开场白：'亚当斯和杰弗逊已经过世……'之后就再也说不出话来了。我只好向听众鞠躬，最后心情沉重地回到我的座位上。

　　"这时，校长站起来说：'唉，爱德华，我们听到这则令人悲伤的消息，实在是太震惊了；不过，我想我们会尽量节哀的。'接着就是满堂哄笑。当时我真的想以死来求得解脱。之后，我就病了好几天。

　　"当时，我在这世上最不敢期望的，就是做一个大众演讲家。"

　　世事难料。爱德华大学毕业一年后，丹佛市掀起了"自由造币"运动。

爱德华认为"自由造币主义者"的主张是错误的，并且他们只作空洞的承诺。为此，他艰难地凑齐了到达印第安纳州的路费，并在到达该州后，就健全的币制发表了演说。他回忆说：

"刚开始的时候，我在大学演讲的那一幕又浮现在我的脑海里，挥之不去的恐惧使我窒息。我讲话还是结结巴巴，恨不得立即从讲台上逃下去。不过，最后我还是勉强完成了绪论部分。虽然这只是一次微小的成功，但却增加了不少使我继续往下说的勇气。当我结束演讲的时候，我以为我只用了15分钟的时间，其实我却竟然说了一个半小时。这让我极为惊讶。

"结果，在以后的几年时间里，我成了令全世界震惊的人。我竟然把当众演讲当成了自己的职业。"

爱德华认识到，要想克服当众说话时那种灭顶之灾般的恐惧感，最好的方法莫过于首先获得成功的经验，并以此不断地激励自己。

做好充分的准备

出于职业原因，我每年都要担任5000多次演讲的评审员。这个经历让我发现：只有在演讲之前做好充分的准备，才能真正克服恐惧、建立完全的自信。这就好比在打仗之前，只有精心准备作战的武器，才能立于不败之地。

丹尼尔·韦伯斯特说过："如果我没做好准备就出现在听众面前，就像是没有穿衣服一样。"没有哪个比喻比这个更贴切了。

几年前，在一次残疾人协会的午餐会上，一位政府要员被邀请作一次演讲。这位政府要员之前并没有做好准备。他站在台上，打算进行即兴演讲，但是却不知道该说些什么。他一边胡乱开了个头，一边从口袋里掏出一叠笔记纸，打算从上面找出一点合适的东西来。然而，由于笔记纸上的内容杂乱无章，他显得更加尴尬。

他手忙脚乱地在那些笔记纸中翻来翻去，时间也一分一秒地过去。他显得越来越绝望，所以不停地向大家道歉。最后，他不得不仓促地中断他断断续续的演讲，在困窘和尴尬中走下台来。

这位政府要员就是一个最没有面子的演讲者。他由于没有提前准备自己的演讲，结果正像卢梭所讽刺的某些人写的情书那样："不知道怎么开始，更不知道怎么结束。"而你如果希望建立完全的自信心，就必须认真对待每次演讲，提前做好充分的演讲准备。

如果你做好了充分的准备，你必须确信自己演讲的题目有意义。演讲题目选好之后，再根据计划加以汇集、整理。你要让自己确信这个题目是有意义的。你必须具有坚定的态度、严格的要求，并以此激励自己、坚信自己。怎么才能让自己确信这一点？这就需要你详细、深入地研究题材，抓住其中更深层的意义。在你登台演说之前，最好先和朋友聊聊。如果他提出了一些合适的意见和建议，你有必要对自己的演讲进行修改。这样，你就可以让自己确信：演讲题目很有意义，将有助于听众。

要给自己鼓气

除非心存某种远大的理想，并且准备为之献身，否则，任何一个演讲者都会对自己的演讲题材产生怀疑。他会问自己适不适合这个题目、听众会不会感兴趣，因此他很可能在一夜之间突然更改题目。所以，你应该学会给自己鼓气，告诉自己：这次演讲是适合我的，因为它来自我的经验，并且我为之做了充分的准备；我比任何一个讲演者都适合作这样的演讲；我能够也应当全力以赴把它说得清清楚楚。

另外，我还打算告诉你们一个事实。社会科学家以他们的研究告诉我们，说话的人和听话的人对于紧张持有不同的看法。通常情况下，即使说话的人宣称自己已经非常紧张，但是听话的人可能完全觉察不出来。这就好像一个人脸上起了一个小疙瘩，而他自己把它想象成有西瓜那么大——这可能相当于他的脑袋的大小了。所以，不论他走到哪里，他都以为人们都在注意他脸上的小疙瘩。

但是事实却是，根本没有人注意到这一点。紧张也是一样的。它只是你心理上的一个小疙瘩，和听众比起来，可能只是你感觉比较糟糕而已。

避免想那些可能使你不安的事情。比如说，你千万不要去设想你可能会犯语法错误，或中间突然中断讲不下去等等情况，因为这些消极的想法很可能使你在开始演讲之前就没有了信心。极为重要的是，演讲之前，不要把注意力放在自己身上——集中精力听别的演讲者在讲什么，把你的注意力放在他们身上，这样你就不会过度地恐惧了。

身体调试

释放你的压力，或者使它转移。你可以用这些方法：

呼吸。慢慢地吸一口气，尽量长时间地坚持住，然后慢慢地呼出去。重复这样的动作，多做几次。呼吸练习是最古老的一种释放压力的办法。生理学家说，我们可以在呼吸的时候，释放出自己身体里的二氧化碳，减少血液的酸性，而且能够增加大脑的供氧量。

伸展身体。尽量舒展你的身体大约 10 ～ 15 分钟。转动你的头部、用尽量大的力摆动上肢、张开你的嘴巴……这些动作能够减轻你的肌肉疲劳，而且也不需要什么特定的场地。

按摩。按摩你的太阳穴和脖子。当你怯场的时候，这是两个你最容易感到疲劳的地方。

停止你的紧张的动作。比如，不要像上面我提到的那位先生那样不停地踱步和自言自语，不要大量地喝水；不管你事实上有多紧张，都要表现出你很平静的样子；让听众感觉你充满了自信。

我非常真诚地希望，我介绍的这些方法能够有效地帮助你克服怯场。

克服怯场

□ 找出自己的弱点和不足，有针对性地进行自我暗示。

□ 如果可能的话，找出其他演讲者的缺点和不足，比较自己的优点，进而建立你的自信心。

□ 把你的演讲词扔在一旁，告诉自己，用不着它。

□ 任何事情，只要你坚信你会成功，你就应该一直朝它前进，不要顾虑太多。最重要的是，你要拿出你的勇气全力冲过去，如果总是过分地犹豫，你就成不了大事。

47. 如何发表即席讲话

几年前，布鲁克林有·位医生——我们姑且称之为科第斯先生——被邀请参加一次棒球队的聚会。在没有任何心理准备的情况下，他听见主持人说："今晚，有一位医学界的朋友在场，他就是科第斯先生。让我们欢迎他上台给我们谈谈棒球队员的健康问题。"

科第斯医生是研究卫生保健的专家，行医已30多年。照理说他应该胸有成竹才对，但是由于一生中从未作过公开演讲，当看到人们鼓掌的时候，他心跳加快、惊惶失措。所有人都注视着他，他却摇了摇头，表示谢绝。没想到这个举动引来了更热烈的掌声，人们的呼声也越来越大。

科第斯医生十分清楚地知道，如果自己站起来演讲，结果只能是失败。于是他只好站起来，转过身背对着自己的朋友，默不作声地走了出去，陷入了极度难堪之中。

我不知道那些宁愿选择死也不愿发表演讲的人，在毫无准备的情况下听到"请随便讲几句"这样的话时会有什么感想。他们连那些有准备的演讲都不愿意作，在面对这种突如其来的即席讲话的时候，会不会都像科第斯先生一样？

不幸的是，在我们的这个社会里，即使是在一般的休闲场合，我们都会经常被人问及自己对某件事情的看法，随时都有被叫起来讲几句的"危险"。

"如果给我时间好好准备，"你可能会这么说，"再让我站起来讲话，并不是什么难事。但是如果临时被叫起来，我就多半会不知所措。"

不要丧气，这是大部分人都会有的问题。他们在这种时候，都像你或者科第斯先生一样，恨不得马上找个地洞钻进去。不过，你应该明白，我这么说并不是想告诉你即席讲话是人们的死穴——无论我们怎么努力，都不能成功地战胜这个弱点。

很多说话高手的确成功地做到了这一点。他们看起来好像永远都准备得非常充分，而不是仓促地站起来。是的，每个智力正常如你我的人，只要运用了正确的方法，通常就都能够十分得体地甚至是非常精彩地进行即席讲话。而接下来我将告诉你，怎么样才能做到这一点。

进行针对性的练习

许多年以前，道格拉斯·菲尔班克在《美国杂志》上发表了一篇关于益智游戏的文章。据说查理·卓别林、玛利亚·匹克福和他经常玩这个游戏。

"我们每个人分别写下一个话题，然后把写了字的纸条折起来放在一起。我们当中的一个人在其中随意抽取一个，然后必须站起来讲一分钟。而且，同一个题目从不使用两次……

"非常重要的是，当我们玩过这个游戏后，我们的思维全都变得敏捷了，对于各种各样的话题也有了更多的了解。但更加有用的是，我们学会了在短时间里根据任何题目迅速运用自己的知识和思想进行思考，学会了站立思考。"

我在卡耐基口才训练班上经常使用另外一种方法。我会叫一个班的学员全体行动，让他们按照顺序，承接前一位说话者的话往下说。

比如，一个学员开始精彩地说着一个故事，当他说到关键地方的时候，我突然让他停住，然后叫另外一个学员往下说。

一开始，他们觉得非常困难。我鼓励他们无论自己说得多么糟糕，都应该把它说出来。结果，虽然他们讲得不怎么样，却并没有放弃。事实证明，这样的练习的确很有效——最后他们都不同程度地提高了自己即席讲话的能力。最重要的是，他们觉得即席讲话也不是什么让人为难的事了。

因此，注意多进行针对性的练习——方法当然不止上面提到的这两种——对你会有很大的帮助。像这类的练习多了，当需要即席讲话的时候，你也就能够应付自如了。

随时做好准备

无论是什么场合，我们随时都有被要求说两句的"危险"。如果你同意我的观点，为什么不早早地做好站起来说话的准备呢？如果你正在参加一个会议，你为什么不想一想如果你站起来，应该发表什么样的意见以及怎么发表意见呢？

卡耐基口才训练班上的学员都具备一种本领，那就是随时都做好了说话的准备。因为他们知道，他们随时都有可能被我叫起来讲话。事实上，正是这种准备使得他们的即兴说话水平变得很高。因此，我给你的建议是，随时都做好准备。

你知道，当你要发表意见的时候，前提是你得对这个问题已经有过自己的思考，并得出了自己的意见。因此，不要对你所参加的会议或宴会漠不关心，而应对与它相关的一些问题进行思考。

马上进行举证

当别人希望你说几句，而你因为各种原因并没有做好准备的时候，你最好立刻对你想要表达的观点进行举证。这种方法可以使你马上进入状态，忘掉暂时的紧张。相对来说，如果一件事情来自于自己的经验，描述起来并不困难，并且一般来说，举证需要花费一点儿时间。

立即进行举证的另外一个好处我已经在前面说过，那就是可以吸引听众的注意力。听众会对这种事例感兴趣的，而且这样也符合他们的节奏。因此，立即举证能使你和听众的关系更加和谐，而这对你很有利。

迅速找到切入点

不管你找没找到合适的例子，你必须迅速找到切入点。也就是说，告诉听众你想要说的究竟是什么。切入点应该从此时此地开始，我的意思是，要针对你的场合和说话对象。讲一些与当时的场合或者听众有关的事情，这样会激起他们的兴趣。

一个很好的例子是，赞美其他演讲人，并且从他们的话题中找到自己想要谈论的东西。我知道，你会用我前面讲过的三种思维方式去做到这一点的。

不要让别人认为你的即席讲话什么都没讲，要明白你正在进行的是即席讲话。人们并不希望你一直讲下去，因为那只是浪费他们的时间。不要像丘吉尔评价他儿子兰道尔夫的性格那样："他空有一门大炮，却没有多少弹药。"

组织你的讲话

仅仅不着边际地信口开河，把根本不相干的东西扯到一起，这样做的结果只能是失败。但是这似乎是一个很难的问题。因为如果你的很多想法和例子只是乱糟糟的一团，你就很难把它们都表达出来。如果你把你说话的布局都想好了，那么剩下的就只是用你的材料和观点把它填充起来。

我介绍几种常见的布局方式：

纵向布局。按照时间的发展顺序进行排列，或者按照事情发展的因果顺序、逻辑顺序进行排列。

横向布局。谈论几个问题的时候，或者谈论一个问题而打算用几个原因进行说明的时候，可以进行横向布局。这些问题的关系是并列的。

总分布局。对你谈论的东西进行解构，在大的标题下分列若干小标题，这样能够使你清晰、透彻地说明你的意见。你也可以通过提问或提供解决问题的方案进行布局。

递进布局。把你的话题内部的各个层次采取由浅到深、从大到小的顺序排列，这是一种最常见的布局方式。

我相信，如果你能够遵照这些方法的话，即兴讲话也不是多么难的事情。你也许已经看出来了，我强调即兴讲话的准备工作。没错，如果你想要你的即席讲话出色的话，最重要的还是你的平日之功。

怎么发表即席讲话

□ 消除自己的胆怯心理。不要对自己寄予过高的期望，听众也不会这样的。相信自己能够说好。

□ 不断地练习。练习能够使你明白即席讲话并不困难，而且能让你熟悉类似的环境。

□ 随时准备发表讲话。不要等到被别人叫起来说话的时候，才开始想你的话题。

□ 万事开头难，想办法平稳地度过开始的时间，你会慢慢地忘记紧张。

□ 要言之有物。如果正好相反，不但听众不会喜欢你的讲话，而且你也会走向无话可说的境地。

□ 进行适当的布局。良好的布局可以使你的讲话变得更加轻松。

48．克服讲话中的六个主要误区

公开讲话是十分重要而且复杂的。演讲者常常顾此失彼，经常会忽视某一个方面的问题。一般来说，演讲者常常会产生以下的问题。我在指出这些误区的同时，也会告诉你们应该怎么做。

第一个误区：演讲目的不明确

一个演讲者将要进行一个题为"汽车安全带"的演讲。我在他演讲之前问了他一个问题："你为什么要进行这次演讲？"他回答说："我想让人们了解汽车安全带。"他的这个目的让我很疑惑，因为就大多数人而言，仅仅了解这种知识并没有什么用处。所以，我当时就决定不再继续听他的演讲。

一些人似乎不大清楚自己演讲的目的以及听众需要什么，这给他们的演讲质量带来了很大的不利影响。

我曾经对演讲的目的作过总结，发现演讲的目的不外乎以下四种：

说明一种事情或事物。比如，美国宇航局的人员向人们解释彗星撞木星的影响时，他们并不打算要我们做些什么事情，而仅仅是为了告诉我们这一信息。

说服别人。大部分政治家发表的演讲都含有这种目的。他们希望听众在听完他们的演讲后，能够放弃自己的想法转而支持他们的意见。

增强别人的印象。当亨利·布雷过世的时候，林肯受邀就其一生致悼词。林肯演讲的主要目的就是增强听众的印象。

使人们愉快。如果你为了缓解工人们的压力而发表了一次演说，那么你发表这种演讲的目的就是使人们愉快。在这时候，这是你的唯一目的。

明确自己的演讲想要达到上面所述的哪一种目的，这一点对演讲者来说至关重要。要得出自己的目的，主要应该考虑两个因素，即自己打算展现什么以及听众需要什么。只有将这两者结合起来，才能使你进行一次成功的演讲。

第二个误区：背诵演讲词

不要背诵演讲词。这是许多演讲者极有可能犯的一个严重错误。他们这样做是为了保护自己，免得在听众面前演讲时大脑一片空白而陷入了背诵的陷阱中。我并不想危言耸听，但真实情况是，一旦上了这种心理麻醉的瘾，就会不可救药地持续采取这种浪费时间的准备方式。而也就是它，在很大程度上破坏了演讲的效果。

我已经说过，人一生当中说话一般都是自然流露，从未花过心思去细想言辞。这是因为，人们随时都在想着，等到思想明澈清晰的时候，言语便如同呼吸一样，自然而然地就顺畅起来了。

年轻时的丘吉尔也曾经写讲稿、背讲稿。有一天，当他在英国国会上背诵他的演讲词的时候，思路突然中断，脑海一片空白。他十分尴尬，也感到十分困窘。接着他把上一句重新背了一遍，但还是记不起接下来要说什么。他的脸色变得通红，不得不颓然坐下。从那以后，丘吉尔再也不背演讲词了。众所周知，他最后成为一个伟大的演讲家。

当面对听众时，我们很可能会忘记逐字背诵的演讲词；即使没有忘记，讲起来也一定十分机械化。这是为什么呢？因为它不是发自我们内心，不是出于自然地流露。你想一想，当你在私下说话的时候，你是不是也会这样做呢？当然不是。你总是一心想着我们要说的事，然后就直接说出来了，而绝对不会留心词句。既然你一直都是这么做的，为什么在演讲的时候就要违反自己的本能呢？

许多演讲者都不背讲稿。他们中的成功者常常都是把讲稿扔掉，但却说得更生动、更有效果了。这样做也许会遗忘某几点，说起来也比较散漫，但是起码显得更加有人情味。

林肯说过："我不喜欢听平白的、枯燥无味的演讲。当我听人讲道理时，我喜欢他表现得好像在跟蜜蜂搏斗似的。"和林肯一样，绝大多数的听众都喜欢听一个演讲者在台上自在、随意、激情地演讲，而背诵演讲词的人绝做不到这一点。

第三个误区：信息过于庞杂

很多演讲者喜欢堆砌论据。他们不惜为自己的观点找上无数个事例，以为这样就能够取得很好的效果。虽然收集论据比进行各方面的分析容易得多，但是除非你指出来，否则听众多半不会知道这些论据有什么作用。他们的注意力集中到了这些论据上面，而不是你的观点上。

以上只是演讲者使自己的信息过于庞杂的一个表现。事实上，经常有听众抱怨他们抓不住演讲者的观点。作为演讲者，你的任务应该是对你的观点进行解释，而绝不仅仅是向他们提供许多信息——即使你演讲的目的是说明一种事物，你也应该尽量让你的信息显得有趣。

因此，如果你打算向听众举证的话，就要尽量使这些信息变得简单明了，并且一定要告诉听众它们和你的观点是什么关系。

第四个误区：未说清楚问题

我曾经听过一个演讲，演讲人声称在1个小时内要对30个问题进行说明。也就是说，他打算平均用2分钟去说明一个问题。而据我所知，有时即使用1个小时去说明一个问题，也未必能够说清楚。我不知道这样的演讲有什么意义，也许很多人去听他的演讲是出于一种好奇。

我曾经在自己的卡耐基口才训练班上要求学员们用3分钟进行一次演讲，结果却一点儿都不理想。只有小部分的人利用这点儿时间对一个问题进行了说明。他们所有的话都围绕着这个问题，因为他们知道这点儿时间仅仅允许他们说出450个简短的单词。但是大部分人都希望能够说明尽可能多的问题，想要给这3分钟填充进许多东西。结果，最后连他们自己都不知道自己在说什么。

上面所述的做法导致的结果是：没有能够说清楚任何一个问题。演讲者常常在如何卖弄技巧上用功，却忽视了演讲的作用。听众在他们的演讲中感到很迷惑，因为听众无法清晰地了解一个问题。

因此，最重要的是，务必就一个问题进行充分的说明。不要让听众在耐着性子听完你的演讲之后，却认为自己一无所获。

第五个误区：表现过于做作

我在前面已经讲过，大多数人在演讲的时候，经常忘了自己平常是怎么说话的。当他们意识到自己是在演讲的时候，他们的声音、动作、表情都发生了变化——其实发生变化并不要紧，关键是这种变化是不是一种不利的变化。

声音是你的第一名片，但是很多演讲者经常忽视这一点。他们以为只要把自己的观点表达给了听众就行，声音并不重要。事实上，我们还要考虑听众乐不乐意接受我们的信息——如果你用一种阴阳怪调、极不自然的声音来说话，这种声音本身足以引起听众的反感。

一般人在平时说话的时候运用很多手势，表现得很有力度，但是当上台演讲的时候，他们要么身体僵硬，要么动作过于夸张。听众好像是在看滑稽表演一样，却忽视了演讲者所要表达的东西。

表情也是一样，把你生动的、自然的表情用到演讲上来。为什么不这样做呢？要知道，有时候传达信息的方式比要传达的内容更加重要。

第六个误区：忽视听众

如果你曾经做过教师，你一定会明白这样一个道理：如果你所说的内容跟学生们没有多少关系的话，他们不会有热情。因为这个原因，许多老师在教学的过程中非常注意这一点，他们尽量使自己所教授的内容与学生们的生活有关。

演讲也是一样的。不要让听众觉得你已经忘记了他们的存在，不要光顾着自己在讲台上表演。你永远不要奢望听众会对你的话题主动产生兴趣，除非你能够让他们知道你的讲话跟他们有关。

你应该通过一系列的方法来达到这个目的——这些方法只是为了打消听众的疑虑而已。准备跟听众有关的话题、采用他们熟悉的方式、让听众觉得你正在关心他们、告诉他们你的演讲将会给他们带来好处、让听众介入到你的演讲当中……这些方法，你都有必要用到。

克服演讲的六个主要误区

■ 明确你的演讲目的。根据你和听众的需要，选择一个你演讲的目的，并努力去达到这个目的。

■ 不要背诵演讲词。选用提纲或者提示语的形式，这样才能使你的演讲显得生动、自然。

■ 不要给听众过多的信息——除了说明你的问题之外，不要让听众有头痛的感觉。

■ 清楚地说明问题。必须清楚地说明问题，这样才能让听众有所收获。

■ 尽量使自己的表现自然，把演讲想象成自己平常的讲话。

■ 注意你的听众。永远不要忽视听众。

49. 演讲口才要素

众所周知，演讲口才包括三个基本要素：演讲者、演讲和听众。这三个要素都非常重要，而且相互紧密地联系在一起。现在，我就这三个要素进行简单的说明。

演讲者

在整个演讲过程中，演讲者是主导，是演讲的核心所在。演讲的成功与否，归根到底是由演讲者决定的。这是不言自明的道理。那么，作为演讲者应该具备哪些素质和修养呢？

如果我们把视野放于某一个演讲家身上，可能会更加具体一些。我曾经花了三年时间来写作和修订《林肯的另一面》这本书，这些努力使我确认自己比一般人更加了解这位伟大的总统。那么，让我们来看看究竟是什么使他成为一个伟大的演讲家的。

被美国人民尊敬和怀念的林肯在捍卫国家的统一和反对奴隶制度方面做出了突出的贡献。我们相信，正是这种高贵的品德和情感，加上深厚的人道主义意识，才使他成为美国历史上最伟大的总统；而这也正是林肯成功的最根本的原因。

林肯在给一位向他请教成功方法的年轻律师的回信中写道："成功的秘诀，就是对书本进行仔细阅读和研究。只有不断地学习、学习，才是最重要的。"林肯自己是怎样做的呢？鲁滨孙评价林肯说："他之所以成功，靠的全部是自学。他用丰富的文化素材把他的思想武装了起来，然后成为一个天才。"

的确如此——林肯的经验让我们看到，演讲者要有丰富的学识，这也是演讲成功的基本条件。放眼望去，从古至今的演讲家无一不是学识渊博的。他们之所以能够做到旁征博引，能够把自己的经历自如地组织到演讲中，就是因为他们博览群书、知识非常丰富。

另外，我通过研究发现，林肯具有一些超出常人的能力，包括敏锐的观察力、丰富的想象力和牢固的记忆力。当然，还有一种对演讲家来说必不可少的能力，那就是良好的表达力。我并不打算再举例，因为能够说明林肯具有以上四种能力的事例太多了。

以上是演讲家之所以取得成功的几种基本的素质和能力。当对一个演讲家进行评论的时候，我们考虑的就是这些能力。当然，这些能力只有都体现到演讲中去，才能获得演讲的成功。

演讲

演讲是演讲者操作的具体对象。从演讲者踏上讲台，直到演讲结束，这成为演讲的整个过程。每个演讲者都要尽自己最大的努力使演讲成功。那么，判断一次演讲是否成功，有哪些依据呢？

可信度。这是演讲是否成功的最基本的要素。如果听众说："你说谎了"或者"你在隐瞒什么"，那么很遗憾，这证明你的演讲已经彻底失败。正是可信度赋予你的演讲最重要的成功因素。在某些场合，即使你的演讲并不出色，而你可信度较高的话，你依然会取得成功。当然，如果事实正好相反，那么即使你发挥得再出色，也于事无补。一个很常见的判断是，听众绝不会相信一个烫着金发的时髦女郎是一个学识渊博的教授——虽然这样过于极端——因此，他们会认为你是一个头脑简单的笨蛋，而不会相信你所说的话。可信度跟演说者的品质、能力以及态度有关。

　　说服力。用语言去影响别人，这是一种让人十分自豪的能力。我们现在已经知道，要改变一个人的思想或行动并不需要改变他的面容。这表明改变他人变得比以前容易多了。当你发表演讲的时候，无论是出于何种目的，你都希望能够说服他人。当我们告诉别人某一件事情的时候，你必须运用恰当的方法、全面的观点对它进行说明。这样，听众才会相信你所说的是真的，否则他们会对你说的产生怀疑。说服力较高的演讲是，听众在听完演讲后说："的确像他说的那样。"说服力跟演说者的态度、价值观、参与意识以及可信度有关。

　　影响力。那些成功的演讲会产生巨大的影响。林肯的葛底斯堡演讲让人们铭记在心，现在听起来都有一种震撼人心的力量。演讲人希望自己的每一次演讲都能够改变听众的看法或行动，或者让听众了解到某种东西，这就是对听众的影响。人们说："布莱特的演讲影响巨大。"人们记住了他，并且因为他的演讲而有所改变——不管是思想还是行动，这种演讲就是有影响力的。

听众

　　听众是演讲者演讲的受众。任何一次演讲的成功与否，都是由听众来评判的。

　　听众一般是从以下几个方面对演讲进行评价的：

　　需求。你能够满足听众的需求吗？这是最关键的问题。每一个人都只对自己感兴趣，他们只关心自己的需要。"这场演讲，我听了之后有什么收获？"他们会这样问自己。当然，你不能满足他们的全部需求，但是你至少应该满足一个方面。比如，给他们带来知识、愉悦他们，或者使他们改变了自己，甚至只是对他们表示了尊重。对听众来说，演讲本身并不重要，重要的是他们有没有得到什么东西。

　　亲密度。我指的是演讲对他们而言是否陌生、是否过于高深等一些问题。如果听众在听完你的演讲后感到很茫然，对你所说的东西和概念有很多疑问，那么他们会毫不犹豫地认为你的演讲是失败的。跟听众的知识、经验和情感层次是否相当，也是他们判断你的演讲水平的一个重要标准。

　　体验。很多听众认为听演讲并不是想要得到什么东西，而只是一种体验。他们往往要求演讲者能够带来精彩的演讲，但是什么是"精彩"，他们自己也不清楚。他们就好像在看表演一样，对演出的内容并不那么重视，而是对表演的方式、表演者更加注意。

演讲口才三要素

■ 演讲者是整个演讲的核心之所在，一个成功的演讲者必须具有高远的思想、博大的情操和丰富的知识，并且具备多种能力。

■ 演讲主要由三个方面来评判：可信度、说服力和影响力。这三个方面是交织在一起的。

■ 影响听众主要从增加与他们的亲密度和满足他们的需求、体验来进行。

50. 成功演讲的方法

我们已经讲过了演讲成功的重要性，所以并不打算在这里再次强调。我将直接告诉你如果想要演讲成功，需要注意哪些问题。下面就是你需要注意的问题：

充分准备演讲

选择你生活背景中有意义的、曾经教导过你的、有关人生内涵的经验，然后，把从这些经验中汲取来的思想、概念、感悟等汇集起来，进行符合你习惯的组织和安排，务必要做到胸有成竹。

记住这一点：所谓真正的准备，是对你将要演讲的题目的深思熟虑。你可以把你的思想写在纸片上——寥寥数语即可。当你演讲的时候，这些片断可能有助于你的安排和组织。听起来并不难吧？当然，只要多一点专注和思考，就能达到你的目的。

为了演讲的万无一失，你可以采取一种十分有效的方法，那就是在朋友面前预讲。历史学家艾兰·尼文斯对作家说："你可以找一个对你的题材感兴趣的朋友，详尽地把你的想法说出来。这种方式，可以帮助你发现可能遗漏的见解、无法预知的争论以及找到最适合讲述这个故事的形式。"你可以把你选的用来作演讲的观念，用于和朋友或同事平常的交谈中。当然，你不需要全部搬出，他们可能没有那么多时间来听你把它讲完；你甚至不必告诉他们这就是你要讲的题目。你只需在午餐时倾过身去，说类似这样的话："你知不知道，有一天我遇到这样一件事情，告诉你吧！"你的朋友或同事可能很有兴趣听下去。在你讲的时候，你可以观察他的反应。说不定他会有有趣的主意给你，可能那是很有价值的意见或建议，你不妨听一听。即使他知道了你是在预演，那也没关系。他很有可能本来就很喜欢听你的讲话。

考虑演讲时可能遇到的问题。这些问题不仅包括与你演讲有关的，比如可能没有想到一个合适的词语；也包括会场上可能出现的各种情况，比如可能话筒的声音太小等等；还有就是如果你忘记了接下来要讲什么或者你的演讲被陌生人打断你应该怎么办。只有考虑到这些问题并且想好解决的办法，才能称得上是充分的准备。

成功的演讲构架

我曾经花费了许多精力，想要寻找到一个合适的演讲构架。我希望学员们能够通过演讲材料的有效安排，一蹴而就地打动听众。我们在美国的许多地方举行过会谈，邀请了我们所有的老师对这个问题踊跃发表自己的看法。最后，我们终于得出了一个"魔术公式"。

这个公式的具体步骤是这样的：第一步，把自己的观点用实例告诉听众；第二步，详细而准确地表明你的论点；第三步，告诉听众你的演讲会给他们带来什么好处。

我们这个时代是快节奏的。听众不希望演讲者发表冗长的、闲散的演讲，而是希望演讲者能够以直率的语言一针见血地指出自己的观点，因此这个"魔术公式"特别有效。当然，我并不是说这个公式就是万能公式，因为可能还存在其他的同样有效的演讲构架，这要针对不同的演讲人、听众、演讲内容而定。总的原则是，我们的演讲构架必须使我们能够直接而有效地说明我们的观点，并且能让听众理解、接受。

随时关注你的听众

在你打算进行演讲之前，务必对你的听众有相当的了解。你必须知道他们是些什么样的人、有什么爱好、关心什么问题，否则你可能面临对牛弹琴的危险。要选择听众感兴趣的主题、容易接受的方式，想到他们可能会提出的问题的解决方法。要通过各种方式得到这方面的信息，因为无论如何，这种信息都会对你有很大的帮助。

在演讲过程中，你要随时和听众保持联系。不要忘了与听众的沟通，你可以用你的微笑、停顿或其他动作来表示你对他们的关注，或者向他们提出一些问题。随时注意你的听众的反应：他们是紧锁眉头，是激昂亢奋，还是快要睡着了？你要针对这些观察，采取相应的对策。

演讲结束后，你还可以对听众的感受进行调查。他们会提出一些对你很有用的问题，这对于完善你的演讲会有很大的帮助。

建立自己的风格

我曾经对一百位著名的商业界成功人士进行过一项测试。结果发现，在促成一个人成功的因素当中，个性的因素远远比智力因素重要。

同样地，这个结论对演讲者来说也十分重要。成功的演讲者一致认为，除了充分的准备之外，个人风格是演讲成功最为重要的因素。

我们需要认识到这一点：演讲并不仅仅是讲话，还包括讲话的方式。作为听众，他并不是一台机器，他能够强烈地感觉到你的眼神、动作、空间运用、表情、个人魅力等东西，而且对这些东西的关注，甚至超过了你的讲话本身。而这些东西恰好构成了你的风格。没有人愿意听一个他不喜欢的人讲两个小时。

每个人都可以形成自己的风格，这种风格并不只是跟你的个性有关，还包括许多细微的东西。可以说，你的任何一个细节，如果能够给听众带来一种愉悦感的话，那么你就应该毫不犹豫地加以利用。

幽默、机智也是个人的风格，它能够反映你本身的修养和性格。总之，只要是能够博得听众的好感的个性，你都应该运用，并且将这种个性清晰、具体地展现出来。

成功演讲的方法

■ 必须从演讲者、演讲和听众这三个方面对你的演讲进行思考，不要忽视任何一个方面。

■ 充分地进行准备，这是保证你演讲成功的首要因素。演讲之前，要确认自己已经准备妥当。

■ 要注意你演讲的方式、说明问题的方法，以及你的个人风格。方式恰当与否不但影响你所表达的内容，而且可能决定演讲的成败。

■ 关注你的听众。演讲是讲给他们听的，而不是自言自语。

51. 让听众融入演讲之中

我想我已经说过很多遍演讲者应该随时和听众沟通的话了。的确，我希望你们记住这一点，因为它确实非常重要。下面我将详细地告诉你们，究竟该如何和听众保持联系，从而让他们融入演讲之中。

针对听众的兴趣

我在前面提到过罗素·康维尔博士的那篇《发现自我》的著名演讲。康维尔博士就非常注意针对听众的兴趣发表他的演说。

许多人之所以不能取得演讲的成功，可能是因为没有找到合适的演讲方法，但在大多数情况下，最主要的原因是选错了主题。他们谈论的都是自己感兴趣的东西，而听众却对这些东西没有任何兴趣。

跟康维尔博士一样，曾任美国电影协会会长的艾黎克·钟斯顿先生也非常重视这一点。几乎在他的每一场讲演中，他都使用了这一技巧。比如，他在俄克拉荷马大学的毕业典礼的演讲中，一开始是这么说的：

"尊敬的各位俄克拉荷马的公民，你们想必都非常熟悉那些习惯于危言耸听的骗子。你们一定会记得，他们曾经拒绝将俄克拉荷马州列入书本，认为这是一种没有任何希望的冒险……"

这种技巧十分高明，当第一句话说出口之后，他与听众的距离立即拉近了。这让听众明白，他的演讲是专门为他们准备的。他所说的事情必然能够吸引听众的注意力，因为他迎合了听众的兴趣。

卡耐基口才训练班上有一名来自费城的名叫哈罗德·杜怀特的学员。在一次由老师和学员们参加的宴会上，他发表了一次成功的演讲。他依次谈论到在座的每一个人，回忆起当初在进卡耐基口才训练班的时候各位同学给他的印象，并且回忆起他们的某一次演讲的情形。他还模仿其中一些同学的动作，夸大他们的特点，结果逗得同学们都开怀大笑。像他这样的演讲是不会失败的，因为每个人对他的演讲都很感兴趣。

这种技巧其实并不难。在演讲之前，不妨先问一下自己能不能帮助听众解决问题，是不是能够达到他们的目的。你甚至可以直接告诉他们这一点。如果你是一个会计师，你可以对听众说："我将告诉你们该怎么得到一笔可观的退税。"如果你是一个律师，你可以告诉听众："我将告诉你们如何订立遗嘱。"

你要相信，在你的知识储备中必然有对听众有利的东西，而你也应该选择这样的东西作为你的话题。

赞赏听众

在你的演讲过程中，随时随地地给予听众热情的赞美能够帮助你抓住听众的情绪。不要担心，大多数人都会因为获得得体的赞美而开心的。因为由个体组成的听众，他们也和个人一样，喜欢听到赞美，而不喜欢听到批评。当然，需要注意的是，跟赞美个人一样，你的赞美须得体，而不能过于夸张和肉麻，否则就会收到相反的效果。

更加重要的是，你的赞美必须真诚。如果你对他们说"你们是我见过的最有智慧的听众"，"这里的所有听众都是美女或绅士"，这会显得你是故意这么称赞的，他们听不出一点赞美的诚意来，因此就会一点儿作用也起不到。

缩短和听众的距离

我们在这里所讲的距离主要是指"心理距离"，也就是陌生感。心理学家的研究表明，缩短这种心理距离有助于和他人的沟通。

在实际的演讲之中，最好的办法莫过于指出自己与听众的某种关系。林肯 1858 年在伊利诺伊州南部的一些地方的演说——我们在前面已经引用过了——就巧妙地运用了这个方法。他一开始就利用他的农村出身拉近了和当地农场主之间的距离，从而使他们消除了和自己的紧张的对立感，然后再慢慢地进行说服。

哈罗德·麦克阿兰受邀参加了印第安纳州德堡大学的毕业典礼。他在自己演讲开始的时候，对学生们说："受到各位的邀请，我深感荣幸。我相信，我之所以受到邀请，主要不是因为我是英国的首相，而是因为我跟诸位有着很深的渊源关系。我的母亲是美国人，她就出生于印第安纳州，而我的父亲则非常骄傲地成为德堡大学的第一届毕业生。我可以向各位保证，我以自己与德堡大学的这种亲密的关系为荣，并且非常高兴能够重温故乡的传统。"

哈罗德的这种自我介绍果然一下子就拉近了他和学生们之间的距离，赢得了他们的友谊。

使用听众的名字，也是缩短和听众之间的距离的一个方法。法兰克·裴斯——通用动力的总裁——曾经在自己的一次演讲中使用过几个听众的名字，结果收到了意想不到的效果。当时，他参加的是纽约"美国生活宗教公司"的年度晚宴。

"对我而言，这是一个非常愉快的夜晚。我的牧师、尊敬的罗伯·艾坡亚先生正坐在我们中间。正是他的言行和指导，使我、我的家庭甚至整个社会都受到了激励和启示。路易·施特劳斯和鲍勃·史蒂文斯也是我尊敬的人。他们对宗教极其热诚，这一点从他们对社会事业的热心可以看出来。另外……"

可以想象，当听众听到自己的名字出现在演讲中的时候，他们无疑会有一种非常亲切的感觉。因此，这也是一种非常有用的方法。但是，当我们提到这些名字的时候，首先应该确认这些名字的正确性，并且必须保证是在用一种友好的方式提到它们。

另一种方法是，在演讲中使用"你"或"你们"这样的称呼。这种方法可以使听众的注意力集中。因为当你使用这些称呼的时候，实际上说明这些事情是针对他们的，所以能够缩短你和听众之间的距离。

在大多数情况下你都可以使用"你"或"你们"这样的称呼，但是有些时候却不可以使用。这种情形包括使用的结果是让听众觉得你在以一种居高临下的姿态教训他们，或者力求划清和他们之间的界限。这时候你可以使用"我们"。

与听众互动

很多演讲者觉得自己和听众之间隔着一堵墙，它阻碍了自己和听众的沟通。推翻这堵墙的最好的办法是，充分地与听众互动。

当你挑选听众协助你展示某个论点的时候，这些听众意识到自己正在参与表演，会特别注意你所说的东西，因此他们的印象会特别深刻。

虽然你挑选的只是一部分听众，但是其他听众会认为被你挑选的那些听众代表的就是他们自己，所以，对这一点你不用担心。

与听众互动的方式有很多。比如，你可以请听众回答问题，或者让听众重复你所说的话。总之，在你实际演讲的过程中，不要放过任何与听众合作的机会。

不要让听众以为你高高在上

让听众融入演讲的一个很大的障碍是，演讲者给听众一种高高在上的感觉。如果演讲者有一种高高在上的感觉——无论是智力、学识还是社会地位上的——即使他并未表现出来，听众也一看便知。因为当你在演讲的时候，你的一举一动、一言一行都暴露了你——包括你的心态。

正因为这样，如果你能够保持谦虚的心态，那么听众就会对你产生一种亲切感，这当然也会更加有利于你的演讲。

正如《现代宗教领袖传》的作者亨利和丹纳·李·戴乐斯在书中评论孔子时说的那样："他拥有许多知识，却从不炫耀；他永远只是包容别人，以自己的同情心设法启迪别人。如果我们也能做到这一点，那么就一定能够打开听众的心扉。"我们也应该这么做。

让听众融入演讲

- ■ 选择让听众感兴趣的主题，选择适合他们的方式去演讲。
- ■ 适当地赞美听众，这样能够使听众喜欢你的演讲。
- ■ 缩短和听众之间的距离，消除他们的陌生感和紧张感。
- ■ 保持与听众的互动，借此吸引他们的注意力。
- ■ 让自己保持谦虚的心态，以朋友的身份去赢得听众的信任。

52. 演讲过程中的应变技巧

我曾经听过一个可以说是一开始就非常成功的演讲。演讲人的开场十分吸引人，他声情并茂、幽默风趣。当演讲进行了大概 30 分钟的时候，演讲人突然站在原地一动不动，做出了一个思考的动作。我不得不说，他的思考的动作做得十分潇洒——但是它持续得太久了。接下来，听众都开始明白过来，他忘记了自己想要讲的内容——他手足无措，连连向听众道歉，并且头上也冒出汗来。虽然我们都希望他能够想出来，但是最后，他终于没有能够再继续往下说，而是满脸通红地走下了讲台。

明明是一次经过苦苦思索、精心准备的演说，本来极有可能取得成功，但是却遇到了这种意外的情况，这让我感到遗憾。是的，像这位先生所遇到的这样的场景经常会出现——由于演讲者没有妥善地进行处理，使它变成了一个演讲的"杀手"。我十分不希望你像他那样——或者说，不像你以前经历过的那样——而是希望你能够从容地进行处理。为此，我将告诉你一些应变技巧。

沉着冷静

美国著名的主持人哈利·范·泽西在年轻的时候，曾经犯过一个十分低级的错误。那时候，他正通过广播向全美国的听众介绍一位著名的人物："女士们，先生们，接下来为我们演讲的是美利坚合众国总统——胡伯特·西佛，请大家欢迎。"我不知道当时的胡佛总统有什么反应。不过，这种错误并没有给这位主持人造成太大的影响。事实上，他依然被认为是我们最受爱戴的主持人。

我想要说的是，即使犯了一个错误，也不会给你带来天大的灾难——天塌不下来，甚至不会有任何较大的影响。就算是最好的演说家，或者各行各业里的杰出人物，他们也都难免会犯错误。如果你犯了错误，最好不要惊慌失措。一句古话说得好："不做错事的人，是不做事的人。"因此，即使你在演讲中像哈利·范·泽西那样犯了错误，也大可不必那么慌张。告诉自己：冷静下来！慌张并不能解决任何问题，只有先冷静下来，才能采取一定的补救措施。

演讲过程中遇到的意外情况，当然不只是自己忘记了接下来要讲什么，或者说错了一个词。当外来的事情干扰了你的演讲，你也需要冷静。冷静地处理那些冒失鬼或者一些情况，这才是你必须要做的。

我接下来要讲的各种技巧，都是以演讲人的头脑冷静为前提的。

忘词时的应对技巧

在我们演讲的时候，忘词是一个经常遇到的问题。许多人为了避免自己出现这种情况，会把演讲词背得滚瓜烂熟。我相信，这是一个办法，但绝对不是好办法——或者说，是一个防止忘词的好办法，但绝不是演讲的好办法。

我在前面讲过，我们只有脱离演讲词进行演讲，才能进入自然的演讲状态。而且，即使背诵了演讲词，也不能防止你的大脑在演讲的时候会出现"短路"或者"真空"的情况。这时候，由于你只是机械地记住了演讲词，因此一旦忘记，补救是十分困难的。

忘词包括两种情况：一种是忘记一个词或一句话，另一种是忘记接下来要讲什么。这时候，不要像猴子一样急得抓自己的头皮。你必须集中精神，争取在几秒钟之内想起这个词语或接下来要讲什么。在你想的过程中，你需要用一定的动作或语言向听众证明一件事情：你并不是忘词了，而是在想一个更加合适的词语，或者是另有所图——给听众思考的时间、故意停顿以引起听众注意之类。你可以重复一下你前面说的内容。如果你实在想不出来，第一种情况下，考虑用另一个词或另一句话代替；第二种情况下，把你能够想起的另一段先讲出来，然后再慢慢地想你所忘记的内容或者干脆自由发挥——但一定要紧扣主题。总之，不要让听众等得太久，否则他们会失去耐心的。

口误的处理

如果你发现自己说错了某个词或者表达错了某个观点，而你想改正过来，这就需要相当的技巧了。关键是，不要因为口误而影响了演讲的连贯性、完美性与和谐气氛。

直接道歉。几乎所有人都会犯错误，所以听众会原谅你的。但是由于这种方法过于直接，因而可能会影响演讲的连贯性。

继续下一话题。忘记你的口误，装作什么都没有发生，但是在你快要结束的时候，问一问听众是否注意到你犯了一个错误。这就是说告诉听众，这是你在检验他们注意力是否集中。

现场改错。一位演讲家在发生一个口误之后，马上大声地说道："朋友们，难道你们认为是这样吗？"这种方法十分有效。

意外事件的出现

当你在演讲的时候，一位听众匆匆推门进来，手忙脚乱地寻找座位；或者当听众都在聚精会神地听你的演讲时，某人发出了奇怪的声音。这时候，听众的注意力都被这种意外事件吸引住了。意外事件指的是自己不曾预料到的、并非直接由自己导致的事件。它的处理更加需要应变能力。

我无法提供万能的答案，事实上，我在前面已经提到过一些基本的方法。应对突发事件最重要的一点是，把这种意外事件变成对自己演讲有利的事情。

一位演讲者演讲的时候，突然停电了，演讲大厅里一片漆黑。这时候演讲者的声音清晰地传到了听众的耳朵里："看样子，现在我们不得不在谈论的主题上发一些光。"这句话吸引了听众的注意力，使演讲得以继续进行。

还有我在前面提到的一个故事。有一次，一个国会议员正在发表演讲，听众们则在聚精会神地侧耳倾听。突然，其中一个听众的椅子断了，那人也跌倒在地。这种情况的出现是议员始料未及的，它非常容易分散听众的注意力，从而直接影响到演讲的效果。议员急中生智，提高音量对听众说："各位现在应该相信，我刚才所说的理由足以压倒一切了吧？"这句话十分精彩，立即赢得了听众热烈的掌声。

演讲中的应变技巧

□ 必须沉着冷静、理智地去想解决问题的方案，这样才不至于错上加错。

□ 当忘词的时候，争取时间让自己想起来，或者换别的方案。不要让听众长久地等下去。

□ 不要为自己的错误而忐忑不安。最重要的是，告诉听众一个正确的答案，并且不要使它影响到你的演讲。

□ 应对意外事件需要足够高的技巧，原则是化不利为有利。

53. 八种需要避免的开场白

我曾经就演讲艺术请教过很多演讲家，希望他们能够给予一些帮助。前西北大学校长、尊敬的林·哈罗德·胡教授就是给过我帮助的一个人。那一次，我问他在自己漫长的演说生涯中，觉得演讲中什么是最重要的。他稍微思考了一下，然后回答我说："一段能够吸引听众注意力的开场白，我想是最重要的。"

当年，威尔逊总统在国会上发表演说，针对德国潜艇战发出最后通牒，只不过用了 20 个字，却成功地把人们的注意力吸引住了。这段话是："我有义务向诸位坦白，我国和德国的关系出现了一种全新的情况。"

好的开始是成功的一半。对于一场演讲来说，开场白的作用确实很大。如果把演讲比做飞行，把开场比作飞机的起飞，那么开场的失败就相当于起飞没有成功——虽然有些不同，但是却一样很危险。这真是不幸的事情。虽然每一个演讲者都不希望自己精心准备的演讲被平庸的甚至是非常失败的开场白所破坏，但是并不是所有人都能避免这一点——他们一次次地使自己的飞机在起飞时便坠落，或者经过危险才勉强起飞。

我们希望在开场的时候就能牢牢地抓住听众的吸引力，建立和听众之间紧密的、和谐的关系，而不希望相反的情况发生。我们希望听众在听完我们的开场白后说："看来我应该认真地听下去。"如果你也希望这样，那么你需要避免以下八种错误的开场白——其中有一些一度被认为是很合适的。

消极否定

这是一种自杀式的开场，这种开场将会使你一无所获，失去的东西则更多。比如，你说："我希望大家听我的演讲不至于是浪费时间，但是我的确没有准备充分……"可能你想通过这种表白求得听众的谅解，因为你"的确没有准备充分"。但是事实上你不但在自我否定，而且也在否定下面的听众，因为听众会认为你想表达的意思是："你们一点都不重要。"

吉普林的一首诗的第一句话是："继续下去，将是毫无意义的。"这正好可以说明这种开场的后果。

道歉

除非你一不小心碰倒了讲台或者按灭了演讲大厅的灯，否则你不需要道歉。听众不希望听到你的借口或道歉，即使他们没有表现出来。你没有必要浪费听众的时间，本来他们是怀着很大的热情来听你的演讲的，不要一开始就带给他们不幸的消息。

的确，你为自己可能存在的一些问题而感到不安，这是很自然的事情，但是你没有必要在一开始就讲出来。你说："很抱歉，我将只能简单地为大家讲几句，因为我的时间很紧。"这明明就是表明了你是个以自我为中心的家伙。难道听众没有资格站在这里听你演讲吗？或者你说："很抱歉大家看到的不是原来那个演讲者，而是我。"你认为这对听众有用吗？

提到专业词汇

不要在一开始的时候就用那些古怪、陌生的词语来吓唬听众，他们的兴趣会很快被你吓跑的。你没有必要这样开场，好像显得你学问丰富、高深莫测一样。这样的开场白还不如没有开场白。

开玩笑

有些喜剧演员说："去死很容易，但是要演好喜剧却很难。"的确，要制造幽默很困难，尤其是当需要这种幽默跟你的演讲有关的时候。有时候，将幽默作为开场白有点像是一个成功率极低的赌注——我提倡冒险，但是我坚决反对赌博。

但是有无数的演讲者都喜欢用幽默作为演讲的开场白，好像除了这个方法之外再没有其他的选择一样。那些成功把听众逗乐的人，表面上看起来好像很受听众欢迎，事实上却并非如此，因为听众就好像是在看一场滑稽剧一样，看完之后就忘记它的内容和表演者了。可以借用哈姆雷特的一句名言来评价这种开场白："不新鲜的、陈旧的、平凡的而且是毫无益处的。"

讲这个主题很艰难

不要对听众说："对这个主题我感到力不从心……"难道是你害怕你的演讲中有错误，会被权威笑话吗？既然你已经选择了这个主题，那么它就一定是你所熟悉的——除非你的演讲稿是别人替你准备的。

你的这些话会明显地影响你演讲的说服力。既然你选择了这个主题，就应该信心满满地告诉听众，就你所演讲的主题而言，你就是权威。而如果听众认为你发表的只是你个人的意见，又怎么会介意你犯错误呢？

对听众区别对待

有的演讲者一开始总要特别提及那些坐在台下的重要人物，比如政府官员、学术权威，或者德高望重的人。我并不反对提到他们，但是千万不要让别的听众以为自己被轻视了。千万不要区别对待听众，否则你失去的将是大部分人对演讲的兴趣。告诉他们，他们全部都是重要人物，你将会并且已经注意到他们了。

陈词滥调

不要以那种时髦、低俗的话作为你的开场白，那样只会使听众失望和厌烦，要尽量给听众新的感觉。做到这一点并不难，只是需要花点儿心思罢了。

告诉听众你是被迫的

当你是被迫做某件事情的时候，你一般做不好，或者本来可以做得更好却没有做好。这个道理很多人都懂，但是演讲者的确常常在一开始的时候就告诉听众他是被迫来发表这个演讲的。这容易让听众产生无谓的联想，比如好像你会谈点儿别的什么。更加重要的是，这句话表现出你很无奈、消极。在这种情况下，让听众对你所说的东西感兴趣是十分困难的。

采用合适的开场白

　　□ 避免上面所述的开场白，你当然知道，它的反面就是我们应该采用的。

　　□ 让你的主题句成为你的第一句话，这是一个十分强有力的开场方式。它是那些作风强硬、直接的演讲者所采取的方法。

　　□ 制造悬念可以让你一开始就引起听众的好奇，深深地吸引住他们的注意力，这对你的演讲的成功是十分有益处的。

　　□ 直接告诉他们你将告诉他们什么东西、他们将获得什么东西，以及你的演讲对他们有什么用处，听众会对你的演讲表现出很大的兴趣的。

54. 八种应该避免的结论

我曾经对工业家乔治·福·詹森做过一次访问。那天，当我到达他的办公室的时候，他对我说："你来得正是时候，我马上要进行一次演讲。你看，我现在已经准备好它的结尾了。"

"对一个演讲者来说，"我说，"能够预先在头脑中有清晰的思路，这的确是很好的。"

"噢，"他说，"我现在才开始准备它的结尾，我头脑里还没有完全清晰的思路，刚刚有了笼统的概念和结尾的方式。"

詹森先生并不是一个专业演讲家，他只是依照自己的经验进行了许多成功的演讲。他已经认识到了结尾对一个演讲来说非常重要，并且认识到需要合情合理地进行推理，最后得出结论。

在戏院里，人们评判演员水平高低的一个简单方法是，看他们的进场及出场。演讲也是如此。如果一个演讲的开头和结尾都很糟糕，可以断定这不会是一个出色的演讲；而如果演讲的开头和结尾都很出色，那么这绝不会是一个糟糕的演讲。结论可以说是演讲最重要的一部分。当演讲者结束演讲后，他所说的最后几句话可能还停留在听众的脑海中，这些话将会被听众长久地记住。

如果说开场白是飞行的起飞的话，那么结论就是飞行的降落。我这么说并非耸人听闻。演讲者常常在结尾中犯这样那样的错误，使自己的演讲像飞机一样在"降落"时"失事"。我希望你能够做到"平稳降落"。为了做到这一点，你需要避免下面八种错误的结尾方式：

不是结论的结论

有些演讲者常常在演讲结束时说："对于这件事，我只能说这么多了。"他们常常释放烟幕弹，比如说："谢谢诸位。"无疑，他们想遮掩自己不会做结论的事实。如果你打算结束自己的演讲，为什么不马上坐下来，却说"我讲完了"之类的话呢？

没有结论

有些演讲者常常结束不了自己的演讲。他们就像一次没有规划的旅行的导游一样，引领听众进入一个又一个的景观，而且对每个景观都进行了详细的描述，但是却不知道该怎么结束旅行。只有等天黑了的时候，他才意识到应该结束了。他的演讲没有任何结论性的语言，但是这丝毫不影响他匆匆地结束自己的演讲。

急刹车般的结论

有些演讲者结束得过于迅速——当听众还沉浸在他的演讲之中，并且准备听他继续说下去的时候，他就匆匆地结束了演讲。"这就结束了吗？"

听众会产生这样的疑问。这就像汽车还没有到达目的地就抛了锚一样令人不愉快。这种结论没有任何的过渡，在听众刚开始感到愉快的时候，就突然"踩了急刹车"，听众甚至不明白这个结论是怎么来的。想象一下，如果你正在跟对方谈论，对方却突然冲了出去，什么话也没有说，你会有什么感觉？

没有任何要求

那些成功的演讲者常常会在演讲的结尾提出自己的要求，希望听众能够满足他的要求。开场的时候，你告诉听众你能够给他们什么；结束的时候，告诉听众你想要得到什么。这是一种很自然的方式，听众一般都不会拒绝。

过长的结论

一些演讲者的总结比他对主要观点的论述还要多，我很惊讶他们是怎么做到这一点的。要知道，所谓的结论只是对前面所说的话的概括，而不是展开另一番论述。当你表示打算结束自己的演讲的时候，却突然来了这么一手，这好像是在欺骗听众。听众不得不强打起精神，来听你的第二次演讲，而且是关于同一个主题的。不要相信你的听众会给你这样的机会，也许在你做结论的时候，听众就会一个接着一个地离开他们的座位。

重复的结论

当听众不耐烦地说"又来了"的时候，你千万要小心。要确保你的结论并没有与前面说过的话雷同，更不要照抄自己前面说过的话。这种结论没有任何好处，只会使听众更加厌烦。

无法肯定的结论

许多演讲者为了引发听众的另一番思考，会在结论中提出一些问题。我并不反对提问题，关键是看提哪些方面的问题。如果你对听众说："你们可以看我说得对不对"，这样的提问无异于自杀。另一种错误的结论方式是，你说："我前面说的不一定全都正确"。这种对自己表达的主要观点不确定的话最好不要讲，因为这就好像听众费了很大的劲儿听完你的演讲，结果演讲却只是胡说八道一样。

虎头蛇尾

不要给听众头重脚轻的感觉。你的开场白给听众一种规模宏大的感觉，但是最后却草草收尾，这似乎表明通过自己的演讲，你对自己的观点产生了怀疑，或者你已经不耐烦继续说下去了。当然也许你的结尾本身并不简单，但是相对于开头来说却显得过于寒碜。也就是说，你必须做到前后一致、整体协调。

做好你的结论

□ 避免犯上述八种常见的错误。其中可能有一些你曾经以为是正确的，但是实际上却是错误的。

□ 在你的结论中，做好与开场的呼应。这样做能够显得你有始有终，并且使你的演讲十分紧凑。

□ 在你的结论中加入幽默的成分，这会加深听众的印象。乔治·科哈恩说："在和别人说再见的时候，让他们脸上带着笑容。"如果你能够做到这一点，证明你已经相当成功了。

□ 你甚至可以想办法在做结论时达到你演讲的高潮，虽然这样做的确有些冒险。因为如前所述，结尾应该是让听众记忆最深刻的部分。

第七章
凭借魅力在职场中取胜

一个人如果想要实现某个目标，只有一条路可以走，那就是：让自己的才能在工作中充分发挥出来，并且设身处地地为别人着想。让人颇感振奋的是，虽然工作总是让人很头疼，但是它的确既能够使人们实现自己的理想，又能推动社会的进步，进而实现自我的价值。正是工作使自我和社会完美地结合在了一起。

也许正因为工作如此重要，所以大部分人——几乎所有人——都希望自己能够在职场中获得成功，希望自己能够有更高的工资、更高的职位以及更多的来自他人的尊重。是的，人人都希望成功。但是关键在于，究竟怎样才能取胜？

在我的卡耐基口才训练班中，有90%的学员来自职场。他们中有全国有名的公司的高层领导，也有小公司的底层职员；有从事案头工作的文员，也有从事推销工作的推销员；有工作多年、经验丰富的人，也有很多刚刚迈进职场的新人。为什么他们一致地想到来我的卡耐基口才训练班呢？

"我希望能够处理好和同事、领导之间的关系，"洛杉矶的一家化妆品公司的策划经理娜色说，"因为正是这种关系决定了我未来的前途。我希望自己能够取得成功。"

"那么，你认为口才能够帮助你做到这一点吗？"我问她。

"是的。"她非常肯定地说。

虽然娜色说得有些绝对——导致一个人成功的原因是非常复杂的——

但是她的确说出了口才对于那些在职场中的人们的重要性。如果说导致一个人在职场中成功的 20% 的因素是他的其他个人才能的话，那么还有 80% 来自于口才的贡献。

一般人往往忽视了这一点，尤其是那些职场新人。他们认为，只要能够在工作中发挥出色，就能够使自己在职场中取胜。只有经过一段时间以后，他们才会发现，仅凭自己的知识和技能，而忽视与别人的沟通和合作，是无法完成所有工作的。更加重要的是，在你展现自己的知识和技能的时候，多数情况下，如果对方不能理解你，那么你也不会成功，更不用说在职场中取胜了。

要想在职场中取胜，需要注意下面一些问题：

55. 讲话的方式很重要

曾经有来自各行各业的很多学员向我抱怨，说他们拥有相当高的才能，却没有办法取得成功。我知道他们的问题之所在。实际上，大部分职场中的人都有一个误解，很大的误解。他们认为，在职场中要成功，要得到更高的薪水和职位，只有一个办法，那就是让自己的工做出色。

事实并非如此。"一切都是人跟人之间的问题。"有一天，史考伯先生很有感慨地对我说道。他的这句话十分有道理，在职场中也是如此。

那些职场中的人们有时候会非常惊讶地发现，讲话的方式有时候甚至比讲话的内容更加重要。如果想要领导同意自己的某个计划，不仅需要这个计划很出色，更加重要的是要让他相信这一点；让下属努力工作的方法不是命令他们这么做，而应该是鼓励和建议他们这么做；同事不会因为出色的工作而尊重你，除非你也尊重他们。

威尔逊是美国某连锁店的老板，每周他都会举行一次经理会议。某一年夏天，由于市场疲软，几家店的业绩连续几个星期都在下滑。威尔逊打算批评这些经理，但是，他并不打算直接对他们进行批评，因为这样对公司没有任何好处。所以，在会议一开始的时候，威尔逊极力赞扬了这些经理，肯定了他们为公司做出的很大的贡献——在市场这么疲软的状态下，都只是稍微减少了公司的利润。

本来打算为自己辩护的经理们对威尔逊的赞扬十分认同，他们感到自己受到了重视，心情自然就开始好起来，一个个都精神焕发。威尔逊的话音刚落，马上就有一位经理站起来发言。他对自己经营的店面的业绩下滑展开了自我批评，认为自己完全可以做得更好。他向威尔逊表示，他打算在下一阶段推行一些新的政策，力争使业绩能够回升。其他的连锁店经理也纷纷表明了自己的意见和决心。这种热烈的场面是以前从来没有过的。

威尔逊作为连锁店的老板，具有绝对的权威。但是他明白用强迫的方式不一定能够达到自己的目的，因此就用了另外一种说话的方式。事实证明，采用这种方式的确取得了成功。

如果说领导对下属说话应该注意说话的方式，那么下属对领导说话就更加应该注意。下面是一个十分有代表性的例子：

德国一家著名的电器公司在某一年推出了一个新产品。他们准备设计一个出色的商标，并重点把这个新产品推向日本市场。

这家公司的总经理设计了一个商标，并自鸣得意。在一次会议上，他提议大家对他设计的商标进行讨论。会上，这位总经理说：

"我想，这个商标绝对是非常合适的。它的主题图像是太阳，这使它看起来像日本的国徽。日本人一定会喜欢它的。"

看得出来，这是次没有多少实际意义的会议，因为大家似乎都只有一种选择，那就是同意总经理的意见。所以，绝大多数人都极力赞扬这个商标设计得非常出色。

但是，一个年轻人——广告部的经理，站了起来说："这个商标并不是非常合适。"

这时候所有人的惊奇的目光都集中在了他的脸上，总经理也露出了惊讶的表情。大家都等着他继续往下说。

"它设计得太完美了，"这位年轻的经理不慌不忙地继续说道，"毫无疑问，日本人一定会喜欢这样的商标。但是问题在于，我们的商品并不全部销往日本，也销往其他亚洲国家。他们都会喜欢吗？"

这样，他不但给总经理留了面子，而且也巧妙地暗示了这个商标的错误。总经理在会后说，这位经理的话简直是"再高明不过的语言"了。

一般人如果认为自己的意见比领导的好，就会直接向领导提出来。他们满以为领导会接受他们的意见，但是事实往往与他们想象的相反——领导拒绝了他们的意见。于是他们就开始抱怨这个领导过于独断、自私和蛮横。

实际上，每个人都有这些性格特征，只是有没有表现出来而已。当自己的意见被下属否定时，领导一定会产生一种不满意感，觉得很没有面子，从而失去客观的立场。这样一来，他拒绝下属的意见也是顺理成章的了。

这位年轻的经理成功地使领导接受了他的意见。为什么他能够成功？因为他采用了正确的表达方式。

而就同事之间而言，说话的方式也很重要。相对于领导和下属之间的关系而言，同事之间有的只是平等的合作。这样，如果你打算请求同事配合你的工作，你没有权力要求别人这么做，所以就应该特别注意说话的方式了。

总之，在职场中注意说话的方式，会使你游刃有余地活跃在这个大舞台上。

用正确的讲话方式

□ 在职场中的任何一个人都应该受到尊重——这是最基本的前提。

□ 不要直接批评或指责别人，即使你拥有权威。

□ 不要指使或命令别人怎么做，换一种方式达到这个目的。

□ 用委婉的方式求得别人的合作和共识。

56. 与下属沟通要讲艺术

如果你是一个领导，那么你就不得不与你的下属——那些职位低于你的人——进行有效的沟通。可以说,沟通艺术是领导艺术中非常重要的一种。一个领导只有掌握了沟通艺术,才能成为一个好的领导。遗憾的是,很多领导与下属之间出现了沟通上的问题,这不仅对个人产生了很不利的影响,而且也阻碍了工作的顺利进行。

该如何有效地和下属进行沟通? 我认为应该做到下面这几点:

清晰、明确地下达指令

很多领导喜欢长篇大论,这往往导致在说完某件事情后,下属们完全不明白他想要表达的意思究竟是什么。这是因为领导者在下属的心目中已经建立起了某种权威,他们说的每一个字、每一句话都会作为重要信息传达到下属的大脑里。正因为接受的信息过多,下属忽略了领导想要表达的重要信息。我并不想说这完全是领导者的责任,但是至少他应该承担大部分的责任。

清晰、明确地下达指令是对领导者的基本要求。用简洁、有力的话表达你的意思,让它们有效地传达到下属的脑海中去。尽量让你的指令没有歧义,也符合下属能够理解的水平。你考虑的不应该光是你想要表达什么,还应该包括听的人接受了什么。不要让自己的话漫无边际,只有等下属完全明白了你的意思,你才可以这么做——而且你的确不应该长篇大论,因为下属有他们自己的工作要做,他们不是来听你的高谈阔论的。

不要朝令夕改,要让你的指令都是你成熟的想法。许多领导者有许多新奇的想法,他们是高效率的“点子”生产机。他们经常会否定一个小时前的指令,而用新的指令去代替它。这让下属十分头疼,不知道该怎么去做,因为他们往往同时得到几个相互矛盾的指令。

对下属进行有效批评

当下属做错了一件事情,或者没有完成某件事情的时候,领导当然应该对其进行批评和训导。关键在于,你的出发点是想解决问题。

保持平静的态度。不要给下属一种正在被审判的感觉,你需要营造一种平和、认真的沟通气氛。只有在这样的气氛当中,你们才能有效地解决问题。

对事不对人。在你进行批评和训导的时候，应该让他觉得你并不是针对他本人，而是针对具体的事情进行批评的。你应该平静地指出问题之所在，并且以各种方式暗示对方，你的目的只是为了使工作做得更好，而不是图一时之快。

公正地指出下属所犯的错误和应该负的责任。任何一个错误都不会只由某一个人造成，并且，你的下属当然也不希望犯这样的错误。

不要给他一种罪不可恕的感觉，你应该指出他只是造成这个错误的一分子，并且应依照相关的规章制度客观地指出他应该承担的责任。

对其进行鼓励。不要忘记鼓励犯了错误的人，他们可能已经在某种程度上对自己失去了信心，急需别人给予肯定。当然，也不要忘记指导他们对错误进行改正。

随时和下属进行谈心

及时了解下属的想法和意见，是防患于未然的一个重要方法。谈心是一种最直接和最有效的沟通方式。要做到成功地与下属谈心，应该注意以下几点：

确定目标。确立你谈话的具体目标，明确谈话的主题，列出你可能和对方交换、传达的信息，然后安排好谈话的时间和地点——我认为不应该固定时间和地点。

了解下属。彻底了解你谈话的对象。要从下属的角度出发考虑谈话中可能会出现的问题，以及谈话会对他产生的影响。

引导谈话。将谈话引导到你的预定方向上去。当然，你可能也会得到很多意想不到的收获。

让下属服从命令

让下属服从自己的每一个指令，这是领导极希望看到的事情。"拿着大棒轻轻地走路"，这个外交政策在让下属服从你的时候正好适用。在你"轻轻走路"的时候，如果你能够找出别人需要什么，然后告诉对方你能够满足对方，那么你就成功地控制了你的下属。

在这一阶段你可以采取以下三种方式满足对方的需求：

称赞对方。称赞这一古老的方法依旧有效。告诉对方他干得十分出色，你实在很需要他，这样他就会听从你的命令。

让对方明白这一工作对他很有用。了解他的需求，告诉他这项命令正是能够满足他的需求的，这样他就会很自然地为你效命。

给他实际好处。告诉他如果他能够干得出色，就将得到很多实际的好处。这一方法很有用，但是你需要付出点儿东西，而上面两种方式不需要你付出什么。

如果你在第一阶段遭到了失败，不要灰心。不要忘记你是领导，把你的大棒在他面前挥一挥，这样他很可能就会听命于你。不过，你最好尽量少地使用这种方法。

巧妙地拒绝下属

当下属向你提出某个你不能满足的要求，或者提出某个你不同意的计划的时候，不要直接地拒绝，你应该学会拒绝的技巧。

对事不对人。让他明白这是公司的制度或者他的计划的确不行，对任何人你都会拒绝的。不过，你最好尽量少地以公司的制度来作为借口——如果他的确是那种可以通融的人才，不妨放他一马；如果正好相反，则告诉他你拒绝的理由。

换一种方案。为了使他容易接受，建议他换一种方案。比如，如果他想调整工作时间，但是现在公司却处在紧张的状态下，告诉他如果有同事愿意跟他调换的话，你可以同意他的要求。

拖延时间。这是一种不得已的办法，它可以帮助你暂渡难关。但是一段时间以后，对方还是会旧事重提的。不过，那时候也许你会有更加巧妙的借口。

与下属沟通

□ 态度一定要诚恳。不要以那种高高在上的态度和下属说话，否则你必将收不到很好的沟通效果。当然，你的诚恳的态度不是一种妥协和退让，你仍然需要在必要的时候保持领导的权威。记住：过犹不及。

◻ 尊重你的下属，这是对方尊重你的前提。当然，对方可能会因为你的权威而被迫尊重你，但是这不是好的办法。

◻ 设法驾驭你的下属，使他们积极地工作，这是你的最终目的。其他的问题对你来说都可以算是细枝末节。

57. 指正别人错误的方法

我在前面已经说过，不要指责别人的错误。因为这样做的话，别人不但不会承认错误，反而会对你产生反感。当别人做错了事情或者说错了话的时候，你应该怎么做？你应该采用委婉的方式指出来。

在职场中，你仍然需要——而且更加应该——这么做。如果说亲人、朋友犯了错误，你直截了当地指了出来，他可能因为了解你或跟你比较亲密而接受你的意见。

但是在职场中，情况就变得十分复杂。你和对方仅仅是工作上的关系，如果你直截了当地指出了对方的错误，可能会引起你们之间的误会。

我将把在职场中指正别人错误的方法的重点放在领导和下属之间的处理方法上，因为领导和下属之间的关系更加特殊。至于同事之间如何指正错误，则可以参考我前面讲过的内容。

不论你是否承认，领导在职场中都享有权威的地位，更加应该得到别人的尊重。基于这样一个前提，在你指出你的领导或者下属的错误的时候，可以采用下列一些方法：

暗示法

暗示法即用一种行为或语言向对方暗示对方的错误。我在前面也已经说过了暗示在一般人际关系中的运用。这是一种十分常见的方法。

美国一家百货公司的总经理约翰·艾德伦经常喜欢到自己的商场去巡视。一次，他看到一位顾客站在柜台前面看电视机，但是却没有一个服务员过来招呼她。那些服务员很忙吗？不是的，她们正在不远处有说有笑地闲聊，根本没有注意到这位顾客。艾德伦对这种情况十分不满，想要纠正这种不负责任的工作态度，但是他为了保全服务员的面子，所以运用了暗示的技巧。他自己走到那位顾客面前，为她介绍各种电视机的特点。最后，那位顾客买下了一台电视机。艾德伦让服务员把它包好交给顾客，然后一言不发地走了。

艾德伦自始至终都没有批评服务员。但是，这些服务员看到了这些情况，认识到了自己不负责的态度是错误的，所以以后也认真负责起来了。

先说出自己的错误

"我的错误是……"以这样的话开始，对方可能会对你所说的话表示出很大的兴趣。人们似乎更愿意看别人犯了什么错误，而对自己所犯的错误并不关心。

在指正别人的错误之前，先说出自己的错误，这样更加容易掌握谈话的主动权。在心理学上，这实际上是一种平衡心理在起作用。一般的人可能对自己一个人犯错误感到不可接受，如果你提醒他自己也有错误的话，会使他更加容易接受。

提醒法

用一种轻描淡写的方式提醒对方犯了错误。在一般的交流之中——由于不是很多——领导说的每一句话，下属都会仔细地聆听；而那些注重下属的领导也会如此。

在说话的过程中，尽量用一种轻描淡写的方式提醒对方犯了错误，这样就给了对方一个反思的空间。

"我听人说你最近心情不是很好，因此在工作上出了一些问题。"一位领导在下班后走出公司的时候，对他的下属说。这位下属说："是的，不过我本不应该把我的情绪带到工作上来的。"如果这位领导非常正式地把下属叫到办公室，对他说同样的话，效果一定会大为不同。

那些聪明的人是不需要对方强调自己的错误的，他们都会从提醒中得到一些重要的信息；而那些并不怎么聪明的人，即使对他们进行了严厉的批评，效果也不会很好。当然，如果对方犯的错误的确很严重，已经或者将要给工作带来很大的麻烦，则应该用严肃和认真的语气提出来。

先赞扬后指正错误

先肯定后否定。虽然这种方法非常老套，但是却十分管用。这实际上也是一种平衡心理的方式。用赞扬拉近你和对方的心理距离，从而创造一个十分和谐和融洽的谈话氛围，这样对方就不容易因为你指正他的错误而对你产生抗拒了。

"你一直干得很出色……"以这样的方式开头，让对方知道自己的错误是一时不慎造成的，而并不是他一直以来都如此。另外，这种方式实际上是告诉了对方你对这件事情的态度：并没有因为这件事情而否定他。

如果是你的领导犯了错误，这种方法仍然管用。我们举过的那个经理否定总经理设计的商标的例子中，那位聪明的经理对总经理说："这个设计太完美了。"谁不喜欢听这样的话呢？那么接下来，领导自然会顺理成章地接受——只要你解释得合理。

指出正确的做法

这种方法十分高明。在整个谈话的过程中——你甚至可以在许多人参加的会议上这么去做——你并不需要提到对方犯了错误，而只需要直接告诉对方正确的做法是什么，从而让对方拿自己的去和正确的做法比较。这样做，对指正他的错误的效果也许会更大。

"我十分欣赏杰克。他上班从不迟到，对工作也相当认真。"你这么说，对方肯定会知道自己在某些方面没有杰克出色，并且知道了应该怎么做。最好的方法莫过于让对方自己意识到自己犯的错误，并且想方设法进行改正。

巧妙地指正别人的错误

■ 在指正别人错误的时候，以不损害对方的自尊心为前提，否则对方会不自觉地对你产生抗拒。这样，你可能收不到任何效果。

■ 指正错误的目的是让他接受并改正错误，从而对工作产生积极的态度。因此，所有的做法都应该以此为目标。

■ 上述列举的方法并不全面，你可以找到适合自己的方法。

58. 如何批评不会引起怨恨

对一个领导者来说，如果没有掌握一定的技巧，即使你对工作十分认真负责，也仍然不是一个称职的领导。

好心做坏事是让很多领导都十分尴尬的事情，在批评下属的时候尤其可能如此。我们都不怀疑他们的出发点是好的：希望指出下属的错误，帮助下属改正错误，使其以一种更加积极的状态投入到工作当中……但是，他们也的确常常让批评发挥了截然不同的作用，那就是不利于工作。对个人而言，领导者则常常因为批评而为自己招来了怨恨。

如何批评而不引起下属的怨恨？经常有人问起这个问题。答案就是，要掌握批评的艺术。具体说来，大体应该注意以下几点：

不要轻易批评别人

不要让在下属面前拿出你的气势成为你的习惯。他们都知道你的身份，你没有必要去证明这一点。不要动不动就以训话和批评别人为乐，这样只会损害你的权威。

可能他犯的是一个小小的错误，甚至只是你认为他犯了错——实际上，他完全有可能并没有错，只是意见有所不同罢了。因此，在批评下属之前，最好审慎地判断他是否真的做错了。另外，如果你把注意力集中在小错上，那么势必分散你在大的错误、大的事情上的注意力。

即使下属犯了比较严重的错误，在对他进行批评的时候，也需要用一种更加有技巧的方式。你必须考虑你的批评可能导致的结果，不要让批评产生负面效应，不然的话就会得不偿失了。

控制自己的情绪

许多领导过于意气用事，使用责骂、侮辱、拍桌子的方式对犯错误的下属进行批评，这正是让批评产生不良后果的罪魁祸首。这样做只会使批评成为领导者自己情绪的宣泄途径，而不利于问题的解决，甚至会产生更坏的影响。

当你的下属做了一件十分愚蠢的事情的时候，不要过于激动，不要冲着他大喊大叫。过于激动只会使你失去理智，做出自己意想不到的事情来。你的本意是想冲他发一顿脾气，还是想用这种方式来给他压力，使他对自己所犯下的错误印象深刻？

你应该保持领导应有的涵养和风度，和对方冷静地谈一谈。既然错误已经发生了，必须有承认它的勇气。现在最重要的事情是进行挽救，并且使新的错误不再发生。如果你认为对方已经无可救药，你应该告诉他应该承担的责任，然后把他开除或者扣他的工资。

做到实事求是

批评要以理服人，而不是用权威或者用声音来压倒别人。客观地看待下属犯下的错误，是解决问题的第一步。不要夸大或缩小对方犯下的错误，这不利于事情的解决。

很少有人因为对方气势高过自己而被对方说服。他可能点头表示你说得很有道理，不跟你争辩，但是这并不代表你已经说服了他。

实事求是地看待下属所犯的错误及其所造成的后果。要让事实说话，而不要加入自己主观的评论。帮助他客观地分析问题产生的原因和解决的办法。要知道，你们的最终目的是使工作顺利有效地开展。

给对方说话的机会

每个人的立场、经验和价值观都不相同，所以会产生许多截然不同的看法。听听对方的解释，也许他会给你一种新的解释，而这种解释会更加合理；他还有可能给你带来不同的信息。因此，不要剥夺对方说话的权利。

对事不对人

不要因为一个错误就轻易地否定你的下属，这只是一个错误而已，而且很多错误并不只是人的能力较低所造成的。千万不要说"你总是……"这样的话，更加不要说他无能，这样会造成你在针对他的感觉，从而使他无法客观地面对自己所犯的错误。而且，他会产生一种抗拒的心理，想方设法为自己的错误找借口，而不是承认自己的错误。

很多公司的职员并不在乎自己的工作。如果他们认为自己的能力很强，而你针对的又是他们的话，他们可能会提出辞职。这样，损失的是公司的利益。

把批评和赞美结合起来

一些成功的企业家提倡一种"三明治"的批评方法，也就是在对别人提出批评的时候，先找出对方的长处进行赞美，然后力图使谈话在一种平和的氛围中进行，最后以赞美对方某一个优点结束。事实证明，这种批评方法十分有效。

最近亨利·哈特手下有一个工人的工作成绩大不如前，哈利并没有拿出自己的老板架子来，告诉他应该更加努力些，或者干脆把他辞掉。哈利当然可以这么做，但是这样会浪费一个人才。哈特究竟是怎么做的呢？

哈特把这位工人请到了办公室，但是并没有责骂他，而是非常真诚地对他说：

"比尔，你是一名很优秀的技工。实际上，在我们公司，像你这么优秀的职员已经不多了。你在这条生产线上已经工作了好几年了，你所修的车辆得到了很多顾客的称赞。当然，最近你可能因为工作太忙了，或者别的什么原因，因此做同一件事情，你需要的工作时间比以前长了一些。我知道，这只是暂时的，你一定会想办法解决这个问题的，是吗？"

比尔告诉哈特说，他最近家里发生了一点小事故，使他不能专心致志地工作，但是他保证会尽快处理好这些事情。果然，第二天，比尔的工作效率又和以前一样高了。

受到赞美后，我们会更容易接受批评。这是人们的通性。因此，在你对犯错误的下属进行批评之前，应该适当地对他的优点进行赞美。

另外，人们在犯错误后，容易变得不自信，比如怀疑自己的工作能力，从而降低工作的积极性。

从这个意义上说，犯错误的人更加需要别人的肯定。因此，只有赞美他们，才能帮助他们战胜错误给他们带来的不利影响。

批评别人的方法

◻ 克制自己的情绪。冲动不能解决问题，只会带来更加不利的影响。

◻ 保持客观的评判标准。不要把全部的责任都推到对方身上，客观地分析错误产生的原因、经过和影响。

◻ 用事实说话。不要加入自己的主观评论，事实是最有说服力的。不要因为一个错误否定一个人。

◻ 给对方说话的机会。不容分说地批评容易招致反感，甚至是怨恨。

59. 没有人喜欢受指使

我在前面已经说过：没有人喜欢受人指使。在职场中当然也是如此。不用说同事之间，即使是在上司和下属之间，也没有下属喜欢听上司的命令。

有一个例子很好地证明了这一点。卡耐基口才训练班有一个女学员道娜，她是一家公司的经理助理。一天，公司来了一位客人，由新上任的经理接待。道娜像往常一样，正打算去给那位客人倒水，但是经理突然对她说："你去倒杯水。"道娜却随口接道："我想去一下洗手间。"

这或许也说明了其他的一些问题，但是关键在于，道娜像大多数人一样不喜欢受人指使。当然，一般的人在她遇到的那种情况下，或许不会下意识地找借口去推辞这种指使，但是即使接受了，他们也会很不乐意地去做这件事情。不错，经理确实有权力指使她去做某一件事情，但是却不能使她乐意去做。我们知道，只有当人们主动去做某一件事情的时候，才能把它做好。

遗憾的是，很多领导都很喜欢指使下属做这做那，他们似乎想要用这种方式去体现自己作为领导的权威。我曾经做过一个调查，发现有一半以上的领导者都这么做，而且没有意识到这么做有什么不对。

这可以称作"办公室的暴力事件"。毫不夸张地说，这种暴力事件天天都在发生——不在这里就在那里，不在你身上就在他身上。

暴力事件的后果如何？当然，下属们迫于压力会去做那些事情，但是却不会把它们做好。那些聪明的领导者都知道如何避免这种暴力事件的发生，从而调动下属的积极性，

为了完成本书的写作，我曾经很幸运地邀请到了美国著名的传记作家伊塔·泰贝尔女士共进午餐，希望她能给我一些帮助。当我对她说完本书的写作计划时，她的确给了我许多有用的指导。其中，她告诉了我她在写作杨·欧文传记的时候的一些事情。她曾经采访了和欧文先生同在一个办公室达三年之久的一位同事。这位同事说，在这些年里，他从没有听到欧文先生向别人直接下过命令。欧文先生非常注意措辞，他的所有语气听起来都像是在给别人提建议。比如，他从不说"你应该这么去做"、"你立即去做这件事情等，"而是说"你认为如何"、"最好是现在去做"或者"你有别的什么办法吗"之类的话。

当他向助手口述完一封信之后，他通常会问："你觉得如何？"而当助手写完信之后，他会说"我觉得这样也许更好一些。"他总是给别人空间，让他们自己去做事，而不是告诉他们该怎么做。因为他认为，这样他们更能够吸取教训——如果他们失败了的话。

伊文·麦克唐纳经营着一家生产一种非常精密的机器零件的小工厂。一次，他们接到了一个订单，但是由于订单要求的数量巨大，他们在短期内无法生产出来，况且其他工作已经进行了规划。所以他的心里一点儿把握也没有。但是，他又不希望失去这个订单。一般的做法是，他可以告诉员工，因为有紧急的任务，所以必须拼命地加班。但是麦克唐纳不是这么做的。他召集了全厂的员工，向大家介绍了订单的情况，并且说明了完成这个任务的重要意义。说完这些话之后，麦克唐纳对大家说："各位有没有信心去完成这个订单？"

工人们一致地认为，应该接受这个订单。大家踊跃地发表意见、提出建议，有的工人甚至提出愿意昼夜加班来完成这个任务。结果是，他们接下了订单，并且按时完成了任务。

麦克唐纳的高明之处在于，他能够把这个命令变成一个问题，从而使

工人们感觉受到了尊重，并且认识到这个订单的重要性；而让他们自己拿主意，则彻底地发挥了他们的积极性。

我们可以想象一下，如果麦克唐纳换了一种方式，即用命令去要求他的工人们这么做，会取得什么效果？也许那些工人会同意加班，但是却一定是不乐意这么去做的，这样势必影响他们工作的积极性。这样一来，他们的任务也一定是完不成的。

没有人喜欢受人指使——认识到这一点，对一个领导者来说极为重要。当你需要下属去做一件事的时候，你可以像欧文和麦克唐纳一样，运用一定的技巧。实际上，我在前面已经谈及这样的问题，现在我针对职场的特殊性，给你们一些建议：

用建议代替指使。以一种建议的方式提出来，就像欧文那样。比如"我认为这样做是最好的"、"我希望能够在下次开会之前拿到这份稿件"。

用请求代替指使。用一种请求的口吻代替命令。告诉他们你只有得到他们的帮助，才能完成此事。这会让他们认为自己很重要，从而非常高兴地执行你的命令。

用商量代替指使。把你的命令作为问题提出来。比如，你希望有人去购买一批商品，你可以说"我们需要有人去市场购买一批化妆品样品"，相信有人会主动请缨的。

用赞美代替指使。对你的下属进行赞美，给他一个美名，他会为了维护这个美名而努力的。

不要指使别人

◻ 没有人喜欢受指使，你的下属也是如此。因此，不要用命令的语气指使他去做某件事情。

◻ 指使他人的结果是，他不会很好地完成你的指令，因为他是被迫做这件事情的。

◻ 使用各种有效的技巧去代替指使，重要的是要使你的下属得到你的尊重。

60. 如何激励别人走向成功

我曾经看到过许多濒临破产的企业，他们的员工都是懒洋洋的，没有一点儿工作热情。我并不想讨论企业的濒临破产是不是他们这么消极导致的，但是我敢说，如果能够激发他们的热情的话，这些企业中90%都可以起死回生。

我并没有高估这种威力，有很多人也是这么认为的。近来，越来越多的企业家热衷于领导艺术的研究了。他们开始致力于研究这样一种方法，即如何使员工发挥出自己的潜能，从而走向事业的成功。他们发现，只有激发员工的这种工作热情，企业才能走向成功。

我发现，激励别人走向成功的方法大致如下：

赞美

赞美是激起员工积极性的一个非常直接、有效的方法。安德鲁·卡耐基非常善于运用这个方法去激励他的下属。他的下属之一、造船厂的总经理修韦伯曾经这么描述过他："公司里的重要人物、那些能干的人，基本上都是因为他的称赞而成功的。在我见过的大人物——其中包括不少优秀的企业家——中，他是最擅长于使用称赞而使人获得进步的。这种方法的确很有效，正是它成就了很多人的事业。它也是卡耐基先生获得成功的一个重要原因。"

修韦伯本人也是自己描述的人之一，他从卡耐基那里学到了赞美的方法。作为一个造船厂经理，他的职员的工作热情几乎都非常惊人。在卡莫狄的工厂中，一项工作纪录才刚刚产生，马上就被另一项纪录打破了。

比如，在建造塔卡特号轮船的时候，他们只用了27天就完成了任务，这又是一项新的纪录。修韦伯和所有员工举行了一次庆祝大会。他作了一番赞美他们的演讲，并且送给每一个职工一枚银质奖章和一份威尔逊总统贺信的复印件，他还送给船厂每一位质量管理员一块金表。

挑起竞争意识

挑起员工的竞争意识，这是激起他们积极性的又一个绝好的办法。

一天，查尔斯·史考伯在下班时，被一位分厂厂长拦住了。他对史考伯说：

"我不知道这是怎么回事。我用了各种办法去激励我们厂的员工，但是他们却总是不能完成生产任务。"

"我很奇怪，"史考伯说，"你是一个能干的领导者，竟然也不能使他们热情地工作？"

"确实，"那位厂长哭丧着脸说，"我已经用了能想到的所有办法。我苦口婆心地引导他们、激励他们，甚至威胁和责骂他们，可是他们却无动于衷。"

于是，史考伯跟那位厂长一起去了工厂，当时正是他们厂白班和夜班的交替时间。史考伯拦住一位正准备下班的员工，问他说："你们今天生产了多少台机器？"

"6台。"那位员工回答说。

史考伯点了点头，向厂长要了一支粉笔，然后在地板上写了一个大大的"6"字，什么也没说，就一声不响地离开了。

那些上夜班的工人看到地板上的字很奇怪，于是就问那些上白班的人是怎么回事。

"刚才，史考伯先生来过了，"上白班的人回答道，"他问我们生产了多少台机器，然后就在地板上写下了这个字。"

当第二天史考伯再次到来的时候，地板上的字已经被上夜班的人擦掉，改成了一个大大的"7"字。史考伯满意地笑了，然后又一声不响地离开了。那些上白班的人来的时候，看到这个"7"字，感到这好像是在说上夜班的人比他们强。他们当然不甘示弱，于是他们加紧工作。到下班的时候，他们得意地在地板上写了一个"10"字。而结果是，到了月底，他们超额完成了生产任务。

我们看到，史考伯先生在整个过程中，从没有对那些员工说过要努力工作，但是他究竟使用了什么样的魔法，使他们积极主动地工作呢？很简单，他激起了员工的一个十分重要的竞争意识，就是那种相互超越的欲望。

事实证明，这种欲望的力量是强大的。

给别人一个美名

每个人都有一个理想化的自己，而这个理想化的自己拥有几乎所有的美德。莎士比亚曾经说过："如果你希望拥有一种美德，不妨先假定你已经拥有了它。"看来，如果你给了对方一个美名，那么他会竭尽全力去做到这一点。

我的朋友钦特夫人最近雇用了一个女佣，并告诉她星期一上班。然后，钦特夫人打电话询问这位女佣以前的情况，她以前的雇主说她的表现不是那么让人满意。

但是要换人已经是不可能的了，因为钦特夫人已经雇了她。于是钦特夫人想了一个办法，即通过给她一个美名来使这个女佣得以改变。

星期一的时候，女佣准时到达。钦特夫人对她说："我昨天打了电话给你以前的雇主。她告诉我，你是一个诚实、勤劳的女孩；你的菜做得很好，而且很会照顾孩子。她说你唯一的缺点就是做事有点随便，屋子收拾得不是很干净——不过，我并不相信她说的话。因为你穿得十分干净和整洁，怎么可能不爱干净呢？"

这段话改变了这个女佣。她和钦特夫人相处得很好。这个本来不爱干净的女佣，为了维护自己的美名，每天勤快地打扫，不惜多花费几个小时。

激励别人走向成功的方法

◻ 针对别人的优点进行赞美，这是最直接、最有效的方法。

◻ 激起别人的竞争意识，这会调动起他的积极性和热情。

◻ 给别人某个你希望他拥有的美德或性格的美名，他将竭尽全力去达到这个目标。

61. 加强团队工作的十条建议

现在，越来越多的人聚在一起，成为工作的团队。在这样的团队里，每一个人各有分工、各司其职，最大限度地保证了每个人的充分发展和整体目标的有效实现。

无疑，团队的力量是巨大的。两个人组合在一起所形成的团队的作用将远远超过两个人的作用的总和；多数亦然。

但是，形成一个好的团队必须有一个前提，那就是保证成员间的协调和沟通。可以说，没有很好的沟通的团队，不是一个好团队。我将就加强团队建设给你提供十条有关团队内经验交流的建议——不管你是这个团队的领导者还是只是一个成员，我相信这些建议对你都有用处。

明确团队目标

有一句激励人的话说：心有多高，成就就会有多高。这句话说明了目标对于一个人的成功的重要性。不仅对一个人是如此，对一个团队来说，目标也是至关重要的。

首先必须明确团队的目标,这是一个团队之所以存在的基本因素之一。目标可以为团队提供很强大的凝聚力，使团队所有成员都朝着这个目标努力，而这种向心力对团队发挥着重要作用。因此，应该首先为自己的团队设立一个目标，不论是长期的还是短期的。

在行动的过程中，不断提醒自己团队的目标，使目标能够深入到成员的心中。如果行动能够和目标达成一种合作，这种合作的力量将是巨大的。

团队中的新来者

对于一个刚刚加入新的团队的人来说，你要准备好进入一种身不由己的境地。你的个性可能将要暂时消失在团队之中，你的个人表现可能会因为团队的任务而改变；那里可能有你并不喜欢的人，也有你不愿意承担的角色；你的意见可能得不到认同，甚至你的利益也可能会被忽视。这些都是新来的你要学好的第一课。

另一方面,那些团队中的成员应该意识到,新来者需要一段时间的适应。

他们的经验很明显地不足，他们对一切事情都感到很新奇，并且经常有问题冒出来，那么你应该对他们的到来表示欢迎，并且尽自己的可能为他们解答。

集合大家的意见

作为领导者，当然可以更加权威性地发表意见，但是最好逐一分析别人和自己的建议，淘汰那些明显不能实行的或者糟糕的建议，并尽量把所有的建议的优点都集合起来，使最后形成的决议臻于完善。

你们所应该采纳的建议当然应该是最有利于实现目标的，但是实际上这个笼统的判断标准经常发挥不了作用。因此，如果出现一种无法达成一致意见的局面的话，就应采取少数服从多数的方法进行决策。

维持秩序

当遇到意外情况的时候，团队可能会显得一片混乱。这种混乱会严重地阻碍团队工作的顺利进行，直接影响到目标的实现。因此，必须用纪律或者权威去维持团队的秩序，使成员的情绪稳定下来，进而使团队朝着正确的方向前进。

在开会的时候也是这样，乱哄哄的局面不利于形成一个好的决议。在这种时候，也要善于用一种恰当的方法维持秩序。否则，这样的会议开上一个月也讨论不出任何结果，尤其是提倡民主表决的团队会议。

保持高涨的士气

那些擅长于领导术的企业家都十分懂得使员工保持高涨的士气的重要性，它绝不亚于对员工的学历、知识和智力的要求。一个企业实际上是一个大的团队，而在这个大的团队里有更小的团队。保持高涨的士气在任何情况下都是十分重要的，即使对个人也是如此。因此，每个团队成员都应该保持高涨的士气。

对领导者来说，少批评、多鼓励，能够更加有效地提高团队士气。我们从没有看到过一个被严厉批评的团队非常亢奋，而被鼓励的团队则经常出现这种情形。这种情形即使是毫不相干的外人都会受到感染。

当然，还有更多的提高团队士气的方法，这些方法在前面也略有提及。

使信息流通

在一个团队中，保持信息在成员之间流通是至关重要的。所有的问题都来自于信息，所有解决问题的办法同样来自于信息。只有成员有接触到所有信息的可能性，才能做出正确的决策。

确保每一位成员都在信息流通路径之中。谁都有可能较一般人更早地发现问题，或者更好地解决问题，前提是他掌握信息。

请求别人的帮助

团队工作的一个好处是，并不是每一件事情每一个成员都要参与。这是由团队的分工合作带来的好处。这意味着如果你的工做出了问题，那么会带来一系列的反应；这同时也说明，当你的工做出了问题的时候，不会带来致命性的后果，因为你只是团队工作中的一个环节。虽然你干的工作可能是独一无二的，但是如果你需要，还是有很多资源可以帮到你。

不要把要求别人的帮助想象成愚蠢的行为。事实上，团队中的任何一个成员都在帮助别人，同时也在得到别人的帮助。在一个团队中，任何成员得不到别人的帮助都是无法想象的。

给出恰当的反馈

当别的成员提供了某种信息的时候，你应该给出恰当的反馈。这不仅是一种礼貌的行为，事实上你也应该这么做。因为他提供的信息，即使不跟你的工作直接有关，至少也关系到整个目标的实现。

仔细倾听对方说话，抓准他说话的真正意思。只有当你了解他的信息的真正含义的时候，你才能判断这个信息的价值究竟有多大。然后，根据你的思考，给予对方你的意见或建议，跟他一起就这个问题进行探讨。

用事实说话

有心理学家批评团队是没有理性的。理性意味着从事实出发来考虑问题。的确，对一个团队而言，领导者几句鼓动性的话，比进行理性的思考更加能够使它采取行动，即使领导的鼓动根本不符合事实。

也就是说，当团队成员在思考如何实现团队目标的时候，应该用事实说话、用自己的理性进行思考，而不是轻信他人。

举办集体活动

为了加强团队的向心力，使每一个团队成员都能够有一种集体感，团队需要举办一些集体活动。这当然并不与团队工作直接相关，但是作用也很大。

集体活动包括集体会议、协调活动以及纯粹的集体娱乐和休闲。每一个团队成员都应该积极地参与这样的活动。这不仅能说明你的确热爱你的团队，而且能让你这种情感通过参加活动而得到加强。

加强团队工作

□　首先应该找到一个自我和团队的结合点，这种结合点可以帮助我们解除思想上的包袱。

□　自觉地成为团队的主人，对自己在团队中的表现负责，积极主动地配合和帮助其他成员的工作，对集体的事务保持热情。

□　对团队目标保持高度的热情，保持昂扬的工作精神。

□　理智、全面、客观地看待问题，尽量做到集思广益。

62. 面试时的交谈技巧

毫无疑问，面试对职场新人来说是一件十分重要的事情，它是进入职场的第一次考验。在面试的时候，你的语言交流技巧非常重要，因为它能表现出你的成熟程度和综合素质的高低。或许有些面试者认为只要自己有真正的才能就行，其他都只是次要的问题。

但是你要明白的是，你的才能只有展现出来，那些雇主才会对你感兴趣。在你的才能展现出来之前，你在他的眼里跟别人是没有区别的。

事实上，面试的过程，就是推销自己的过程。你的任务就是说服对方购买你这件独一无二的商品。那么，具体该怎么做呢？

保持正确的仪表态度

认识到对方有决定是否录用你的权力的时候，你就要知道该采取什么样的仪表态度。你应该穿上你最正式的服装。当然，前提是不要过于繁重，因为你是要工作，而不是参加舞会。最好的办法是，穿上适合你将来的工作的衣服，它将使你给人一种非常胜任的感觉。

同样，针对你将来的工作来决定化不化妆。当然，即使要化妆，也不要过于浓艳。

尽量提前几分钟到达面试现场。当你到达之后，要注意你的仪表。你需要端正地坐在座位上，安静地等待面试人员的召唤。与面试人员礼貌地握手后端正地坐下，与面试人员保持恰当的距离——不要太近，也不要太远。

说话的时候要礼貌、热情和自信。说话的时候要注意看着对方，虽然对方有决定权，也不要因为害怕而不敢看他。你应该一直面带微笑，这会帮助你给人一种自信的感觉。

当对方说话的时候，要面带微笑地看着他，仔细倾听他所说的话。你应该用你的言行来对他表示回应，表示你正在关注他。不要打断他的话，这是很不礼貌的行为。

你要保持不卑不亢的态度。不要表现得低声下气，好像你在求对方一样。这是一种相互的选择，对方并不能决定你的命运。而且如果你表现得很卑下，这会让对方对你的能力产生怀疑。

不要过于激动。即使对方对你很感兴趣，也不要忘乎所以，因为失控容易使你错漏百出。即使他已经明显地对你表现出了肯定的意向，你也不要太高兴，因为事情还有转变的可能。

注意语言表达

注意你的说话。你说话的声音和语调代表着你的性格、态度、修养和内涵。对一个陌生人来说，声音的特点会更加明显地传达这些重要的信息。

务必使你的口齿清晰、语言流利，不要含糊不清、吞吞吐吐。如果你能把每一个字都十分清楚地表达出来，你就会给人一种自信和头脑清晰的感觉。在现在的职场中，你的综合素质将受到更多的重视，而不仅仅是你的知识和智力。

保持适当的音量、语调和语速。如果你平时的声音非常小，那么尽量提高你说话的音量。因为声音小会给人一种懦弱、不自信的感觉。但是也不要使你的声音音量过高，你只需要让对方听清楚，而不是让隔壁的人都能听见，否则会给对方粗鲁的感觉。而正确的语调能够给人一种亲切、沉稳的感觉，会在无形之中拉近你和面试人员之间的距离。

有些职场新人由于紧张或急于表达自己，往往在对方问他一句话后，会连续不断地把自己的想法表达出来。他们说话好像是在跟火车赛跑一样。

在清楚地表达自己的同时，使用含蓄和幽默的语言，可以营造轻松愉快的谈话气氛，拉近你和面试人员的个人距离，这将使你获得更大的成功。当然，这些语言技巧都不要使用得过多。

从容地表现自我

一开始，面试人员通常会要求面试者作一个自我介绍，这是自我表现的第一步。不要认为这是一件很容易的事情，因为虽然你最了解自己，但是要通过几句话——的确只有几句话——就让别人了解你却并不容易。

你首先需要知道你的目的是让对方了解你究竟是谁，而不是跟对方闲聊。因此，你可以简单地介绍你的姓名、性格、学历、工作经历等一些基本的信息。这些信息可能很重要，也可能并不重要，关键要看雇主更加看重哪一方面。不过，要记住的是，这只是自我介绍而已，你不需要把你想说的话全部说完，接下来你可以慢慢补充。

面试人员最关心的可能是你的能力，从而判断你是否胜任你希望获得的工作。许多面试者总是想表现得很优秀，在他们的言谈之中，好像在表达这样一个意思："我什么都能做。"也许这是真的——但是能做不代表一定能够做好。雇主希望找到的是能够真正做事的人，而不是一个夸夸其谈的人。

把自己的特点表达出来，这是最重要的一点。你需要实事求是，不要夸大也不要缩小你的优点和缺点。不要把面试人员当作傻子，否则他们也会像你这么做的。重要的是要让对方认为你的确适合你希望获得的工作。

妥善处理问题

有一些在面试中经常碰到的问题，也正是求职者经常犯错误的地方。

第一个问题是："你为什么选择这个工作？"有些人回答得莫名其妙，这让应试人员认为他们没有什么头脑。他们说："我想来试一试，毕竟多一个机会。"或者"本来我不想来的……"当他们说出这样的话之后，他们几乎已经没有成功的可能了。

应试人员这么问通常的意图是，想了解你的职业目标和你对公司的熟悉程度。当认识到这一点后，你就可以进行有针对性的回答。你必须把自己的志趣和你将来的工作、公司联系起来。比如，"贵单位的管理理念正符合我的工作信念"，这样的回答是十分合理的。

第二个问题是："你认为自己有什么不足？"应试人员问这个问题，是想了解你的诚信度和你是否与你应聘的职位相匹配。一般人只会顾及两个方面中的一个方面，他要么直截了当地把自己的缺点都说出来，以求给应试人员一个诚实的印象；要么掩饰自己的缺点，向应试人员撒谎。

自然，这两种做法都是不可取的。我们应该在两者之间寻找一个平衡点。比如，如果你应聘的是一个财务工作，你可以这么说："我是个慢性子，这使得我常常对每件事情都考虑得很细致。"又比如，你笼统地说："我的确有很多缺点，但是我想这些缺点并不会影响我的优点的发挥。"

第三个问题是："如果你的意见和上司的意见发生了冲突，你会怎么做？"这种假设是想试探你的沟通能力和自我认同感。你的回答应该是："首先，对上司的意见进行思考，因为毕竟他比我更有经验，看问题也会更加全面和深刻一些；其次，如果我的确认为我的意见更加准确，那么我会把我的意见和上司进行沟通，相信他也会赞同我的意见，因为毕竟我们的目标是相同的。当然，在沟通的过程中应该注意运用一定的技巧。"

第四个问题是你关心的，那就是薪酬。求职者即使不认为这个问题是最重要的，至少也会认为它很重要。如何跟面试人员谈论薪酬问题十分关键，它对你面试成功与否有很大的影响。

大胆地说出你的期望薪酬，不要说"按照公司的规定办"之类的话，这表明你对现在的工作并没有很清楚的认识。当然，你的期望薪酬应该跟公司和你个人的要求都相符合，过高或过低对你都没有好处。给出一个可以浮动的范围，这样让对方有考虑的空间。一般而言，如果你的确很适合的话，雇主不会让你失望的。

面试时的技巧

☐ 端正你的态度。既不要过于轻率，也不要压力过大。想办法让自己明白，面试成功和失败都不是什么大不了的事情。

☐ 恰到好处地推销自己。要保持诚信、不卑不亢的态度。要知道，推销自己只是手段，而不是目的。

☐ 主动选择。不要忘记，面试也是你在选择对方。

63. 和领导交流是一门学问

如果你认为勤奋苦干就能让你在职场一帆风顺，那么你就想错了。职场是一个十分复杂的地方，并不是全部由才干和能力来决定你的前途和方向的。在这里，你的个人需求和公司的需求必须有一个恰当的结合点，你的个人爱好和工作性质可能会发生冲突……听起来让人比较沮丧的一个事实是，在某种程度上，你在职场的前途是由你的领导决定的，因此你必须得让他觉得满意；或许有些事情可能要询问同事的意见，但不管如何，你的升迁或加薪等事情毕竟最终是由他说了算的。

因此，如果你身处职场，就要学会恰到好处地跟领导交流。我给你的建议如下：

主动地与领导交流

你不一定要等到领导召唤的时候才走进他的办公室。如果你有一个工作上的意见或建议，你可以去敲他的门。我还没有见过哪位领导的办公室是不让下属进的，一般而言，他们是欢迎你的。

主动地与领导交流能够使你给领导一个非常好的印象，因为这代表你在用心工作——用心工作我并不反对，但是关键是要让领导知道这一点。另外，了解所有下属是领导需要掌握的一种信息和基本的工作任务，因此即使你不找他，他也会主动找你谈的。

不卑不亢的态度

领导对身处职场中的人来说的确非常重要。我在前面已经说过，他们对你的升迁和加薪等问题具有决定性的作用（即使不是你的直接领导，也或多或少具有一定的影响力）。

另外，他们的确在某些方面比你更加出色；在工作和事务上，他们也扮演着更加重要的角色。在这个意义上说，我们必须对他们保持相当的尊敬。

但是这绝不意味着你很卑微，因为在人格上，你们是平等的。传统的那种对领导一味地奉承和附和已经没有多大的意义，你并不会因此给领导留下深刻的印象。

现在的领导都相信，自己需要的是那种有见识并且诚实可靠的下属。随声附和除了能够满足他们的虚荣心之外，对他们没有任何意义。因此，你需要勇敢地表达自己的观点。

要游走于尊敬和独立之间，做到这一点的确很难。但是如果你想在职场中取胜，也只有做到这一点。另外，你可以把做到这一点当作是一次挑战。

合适的表达技巧

注意你和领导说话的方式。你应该做到语气适当、措辞委婉；你应该继续保持那种尊敬和独立之间的平衡，在表达的时候要特别注意这一点。另外，为了不浪费领导宝贵的时间和展现自己的语言表达技巧，你都应该言词简短——当然是要以把你的意思表达清楚为前提。

注意一些说话的禁忌。选用那些合适的词语，不要使用和你的地位不相称的词语。这些词语包括："您辛苦了"、"我很感动"、"随便都行"等等，它们会让你看起来更加像领导。

正确对待批评和指正

所谓的"正确对待批评和指正"是指对领导所说的话，接受正确的部分，拒绝错误的部分。

领导有责任、有资格对我们进行必要的批评和指正，这样才能使我们不断地进步。他们比我们拥有更多的学识和经验，看问题也更加全面和深入，角度也更新。因此，我们不应该因为受到批评而羞愧，甚至怨恨；我们应该很高兴才对，因为我们又可以纠正自己的一个错误了。

当意识到领导的观点有错误的时候，一般的人都会对自己的观点产生怀疑——这种怀疑是十分必要的，关键是不能因为怀疑而轻易地否定自己的观点。还有一部分人经过怀疑后确认自己的观点是正确的，但是却不作任何反应，就好像领导的话是金科玉律一样。

领导怎么可能没有错误呢？他们只是比我们少一些错误罢了。一种观点是，我们好不容易发现了领导的错误，因此不应该错过表现自己的机会。但我更加喜欢换一种方式理解，即认为这是对工作的一种认真态度。做任何事情都要把它尽自己的所能做到最好，而不是采取马马虎虎的应付态度。

当然，向领导提出我们发现的问题也不是一件十分简单的事情。虽然我们一再强调领导应该宽容、大度和理性，但是现实生活却是另一番情景。他们往往在做事的时候并不那么理性，甚至比我们还偏激。

因此，我们应该采用一种既符合我们的身份又可以被他接受的方式去提出我们发现的错误，并且说出自己不能接受的理由。当然，在任何时候，我们都应该以理服人。

千万不要当面顶撞领导，这会给领导和你自己都带来伤害。那些莽撞的，自认为有才识、有能力的下属常常以顶撞领导为乐，因为这好像能说明他的确很有才能和与众不同。也许的确如此，但是他们这样表现出来并不是很高明。

提建议

如果你的领导对你说："有自己的想法是好的。"在一般情况下，这不是客套话。一般的领导都喜欢有想法的下属，他们似乎更喜欢那些新奇的玩意儿。千万不要忘记，正是这些东西能够给他们带来好处。

因此，向领导提工作意见，是博取领导好感的一个很有效的方法——当然，其实际内容也应很不错。不过，在此之前你必须先做一些事情。首先，你应该对自己的意见或建议有十分成熟的思考，而不是仓促之间形成的一个灵感的闪现。如果是一个建议，你最好不仅告诉他你的建议是什么，还要告诉他为什么要这样以及应该怎么做——有时候，一个点子的可执行性恰好是决定它的好坏的关键。其次，摸清你的领导的工作习惯，把握好交流的时机。当然，你不能在领导会见客人或者通电话的时候去见他。尽量不要在他专心思考某个问题的时候去打扰他。

不要表露"我比你聪明"之类的想法。这种想法本身就不是事实，也没有任何好处。它对你来说是致命的错误。因为这正说明，你向领导提建议的本意只是为了表明自己更加优秀而已，而不是为了工作本身。

提要求

为了谋求更高的职位和薪水或者更好的工作环境，你可能需要向领导提一些要求。一般来说，领导对提出要求的下属的态度是：理解，但也十分为难。领导感到很为难的原因很复杂，其中有一些原因与下属无关，另外一些原因则与下属有关。为了使自己的要求更加容易被领导接受，你需要注意一些提要求的技巧：

不要提过高的或不切实际的要求。领导不但无法满足你那些要求，而且会因此对你产生反感。它很容易使你和领导的关系变得很糟糕。

注意你的措词。不管你认为你的要求有多么合理，都要尽量用商量的语气跟领导说话。不要让领导觉得自己受到了威胁，或者被命令满足你的要求。他会不自觉地拒绝你的要求，即使没有太多的理由。

正确地与领导沟通

□ 正确地对你自己进行定位。你必须保持对领导的相当程度的尊敬，同时也应保持自己人格的独立。

　◻　在跟上司说话的时候，要尽量保持谦逊、尊敬的态度，而不要妄图扮演更高的角色。

　◻　注意和你的领导保持沟通，不论是工作上的事情，还是你个人对公司的一些想法。但是千万不要在领导面前说别的同事的坏话。

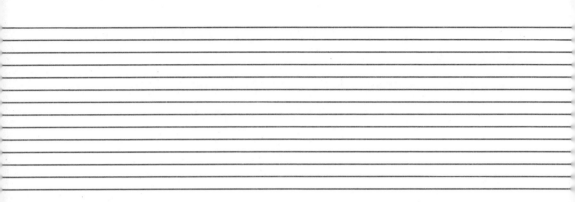